Jürgen Krüger

BURG RÖTTELN

DEUTSCHER KUNSTVERLAG

Informationen beim Röttelnbund unter
www.burgruine-roetteln.de

Herausgeber
Staatliche Schlösser und Gärten Baden-Württemberg

Bildnachweis
Alle Bilder Landesmedienzentrum Baden-Württemberg außer
Seite 32 oben aus: Münster, Sebastian: Cosmographia; das ist Beschreibung der gantzen Welt, Basel 1628
Seite 32 unten aus: Merian, Matthäus: Topographia Sueviae, Frankfurt a. Main 1643
Hintere Umschlagseite innen: A. Cicek, mapsolutions GmbH, Karlsruhe
Umschlagabbildung vorne: Staatliche Schlösser und Gärten Baden-Württemberg / Foto: Arnim Weischer (2006)
Umschlagabbildung hinten: Luftaufnahme Burg Rötteln. Staatliche Schlösser und Gärten Baden-Württemberg / Foto: Achim Mende

Bibliografische Information der Deutschen Nationalbibliothek
Die Deutsche Nationalbibliothek verzeichnet diese Publikation in der Deutschen Nationalbibliografie; detaillierte bibliografische Daten sind im Internet über http://dnb.d-nb.de abrufbar.

Gestaltung Umschlag: © Jung:Kommunikation GmbH, Stuttgart
Druck und Verarbeitung: F&W Mediencenter GmbH, Kienberg
Herstellung: Anika Hain, DKV
2., überarbeitete Auflage
ISBN 978-3-422-02372-7

www.deutscherkunstverlag.de

GESCHICHTE DER BURG

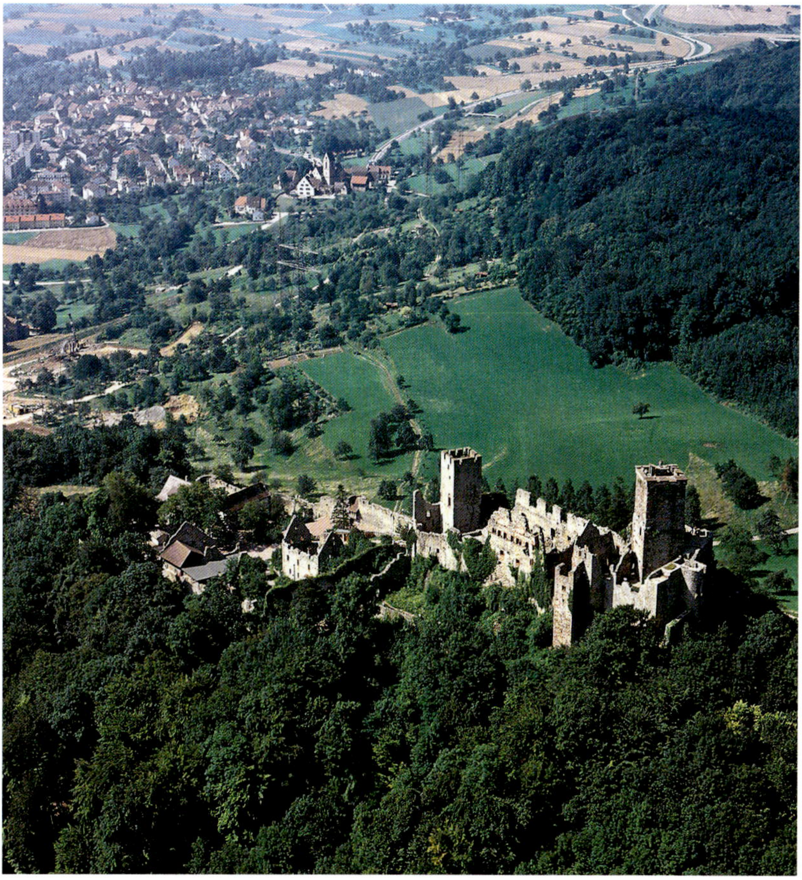

Burg Rötteln über dem Wiesental

Kurz bevor das breit gelagerte Wiesental den südlichen Schwarzwald verlässt, thront auf einem letzten Bergsporn hoch über dem Tal die Burg Rötteln, eine der größten Burgruinen Badens. Sie ist ein Zeugnis für die bewegte Geschichte dieser Region: Im 12. und 13. Jahrhundert gaben die Freiherren von Rötteln ihr den Namen, im 14. und 15. Jahrhundert besaßen die Markgrafen von Hachberg-Sausenberg die Burg, unter denen die Herrschaft ihre größte Ausdehnung erfuhr; im 16. und 17. Jahrhundert schließlich waren die Markgrafen von Baden die Burgherren. Die Zerstörung im Jahr 1678 markierte einen Wendepunkt, aber nicht das Ende der Burg: Als romantische Ruine wurde sie besonders im 19. Jahrhundert verklärt, bis der moderne Tourismus einsetzte, der heute wieder stärker die originalen Zeugnisse der Geschichte sucht.

Seit wann genau der schmale Bergrücken bewohnt wurde, entzieht sich unserer Kenntnis, aber es war wohl erst im hohen Mittelalter (11. Jahrhundert). Bereits in der Römerzeit (1. bis 4. Jahrhundert n. Chr.) waren entlang des Rheines eine ganze Reihe von Kastellen gebaut worden, zum Beispiel Augusta Raurica (Kaiseraugst) nahe Basel, und römische Straßen führten an beiden Seiten des Stromes nach Norden. Im Wiesental, fast genau gegenüber der Burg, wurde sogar ein römisches Heiligtum entdeckt. Auch die Alamannen, die sich seit dem 3. Jahrhundert in Südwestdeutschland niederließen, legten ganz in der Nähe einige Höhensiedlungen an, die jedoch um 500 wieder verlassen wurden.

Nahe der Burg, etwas westlich von ihr, liegt der Ort Rötteln, der im Jahr 751 erstmals urkundlich erwähnt wird. Die Kirche von »Raudinleim« sowie umliegende

Hauptzugang zur Oberburg

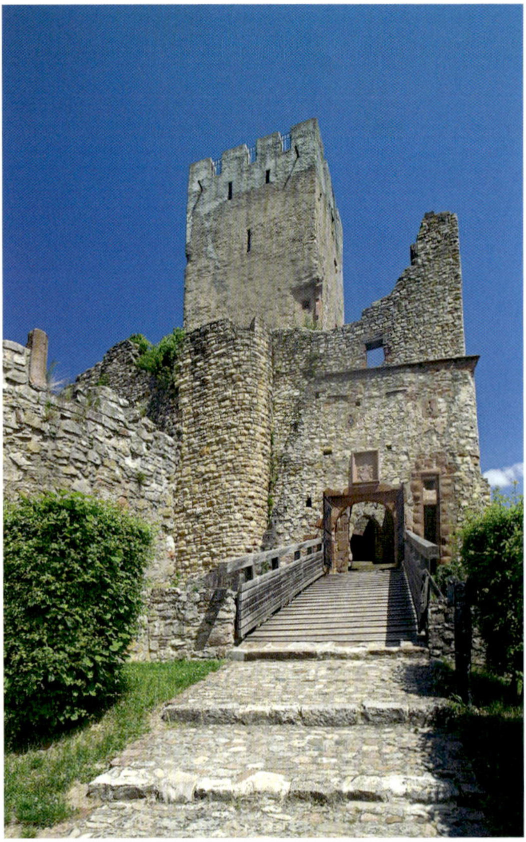

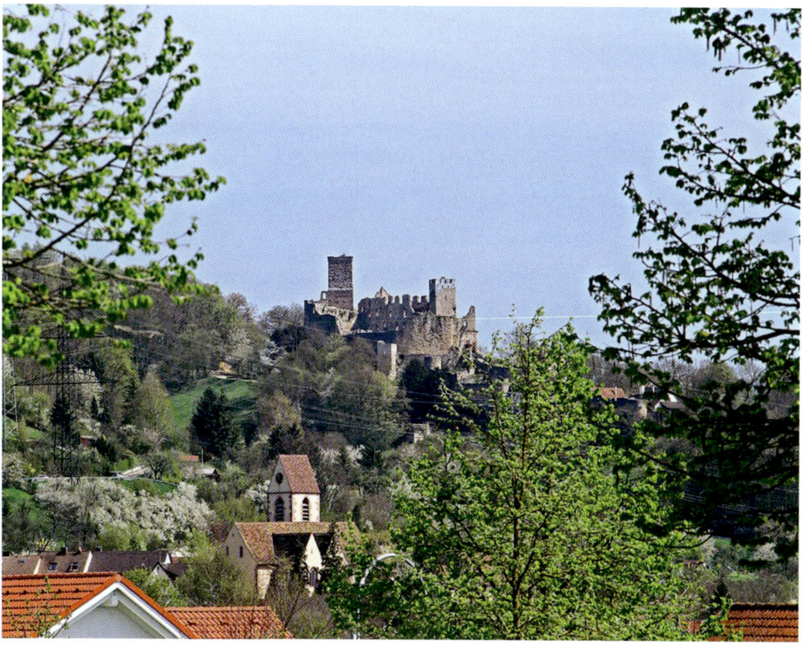

Rötteln mit seiner Kirche und der Burg

Ortschaften wurden der Abtei St. Gallen (in der Ostschweiz) geschenkt, womit Rötteln zu den frühen christlichen Orten der Region gehört. In seiner Kirche befinden sich die Gräber von Personen, die für die Burg von Bedeutung waren, zum Beispiel des Markgrafen Rudolf III. († 1428) und seiner Frau Anna von Freiburg († 1427).

Die Burg und das Geschlecht derer von Rötteln werden freilich erst mehrere Jahrhunderte nach der Kirchengründung fassbar. Die Familie ist bis um das Jahr 1100 zurückverfolgbar (siehe Stammtafel S. 45), während die ältesten Teile der Burg wohl aus dem späten 12. und dem 13. Jahrhundert stammen. Sie gehören also in die Zeit der Staufer, in eine Epoche, in der in Mitteleuropa mit dem Bau von Burgen und Kirchen, mit der Gründung von Städten und ihrem Ausbau die Grundlagen der europäischen Kultur gelegt wurden.

DIE STAMMBURG DER FREIHERREN VON RÖTTELN (1103–1316)

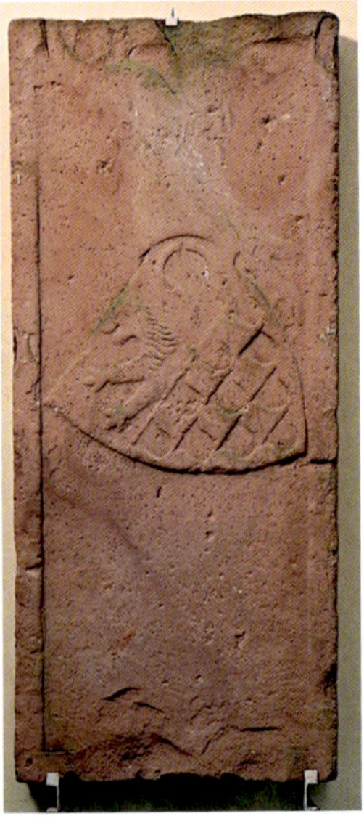

Monumentale Grabplatte mit dem Rötteler Wappen

DIE HERREN VON RÖTTELN

Die Familie der Herren von Rötteln stammte wahrscheinlich aus dem schweizerischen Thurgau. Ihnen wurde die Verwaltung von Gütern im Besitz der Klöster Murbach (Elsass) und St. Gallen in der Umgebung von Lörrach übergeben, wodurch sie in Rötteln sesshaft wurden. Vor allem in Basel spielten sie in der Folgezeit immer wieder eine wichtige Rolle. Hier wurde im Jahr 1103 »Dietrich von Rötteln« als Vogt über das Kloster St. Alban als Erster seiner Familie namentlich erwähnt. Sein Sohn Dietrich II. nahm am Kreuzzug König Konrads III. nach Jerusalem teil, wo er 1147 umkam. Auch Dietrich III. kehrte von einem Zug ins Heilige Land 1189 nicht mehr zurück.

Einerseits konnten die Rötteler ihren Besitz in der weiteren Basler Umgebung ständig vermehren, im 13. Jahrhundert sogar bis an den See von Neuenburg (Neuchâtel / Schweiz), andererseits strebte die Familie auch die ihrem Herrschaftsanspruch entsprechenden geistlichen Ämter an. Walter I. von Rötteln († um 1232) beispielsweise wurde Domherr zu Konstanz – das höchste Amt jedoch erhielt Luithold († 1249) mit der Bischofswürde in Basel.

In der Lörracher Region waren sie die mächtigste und bekannteste Adelsfamilie. Dank ihrer Ämterpolitik finden sich viele Spuren der Familie in Basel, doch blieb Rötteln ihr Stammsitz. In der dortigen Kirche hat sich eine riesige Steinplatte mit dem Familienwappen erhalten (heute an der Außenwand der Kirche), ein wichtiges Zeugnis der Grabmalskunst des 13. Jahrhunderts. Unter dieser Platte wurden wohl etliche Angehörige der Familie begraben. Die abgetretene Platte zeigt das waagerecht geteilte Wappen, wie es auch vom Siegel und von der Zürcher Wappenrolle her bekannt ist. Oben befindet sich ein aufsteigender Löwe, das Feld darunter ist »gevecht«: Dieses Muster entspricht der Fütterung eines Mantels mit dunklen Rücken- und weißen Bauchfellen von Eichhörnchen und ist ein typisches Attribut hochgestellter Personen. Neben der Burg ist diese Grabplatte das wichtigste Zeugnis der

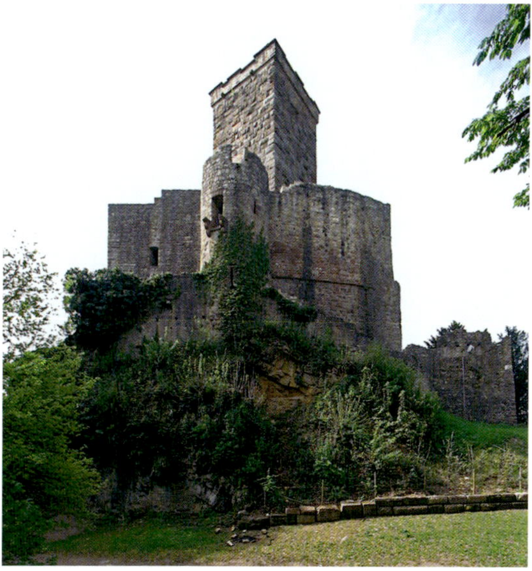

Über dem Halsgraben wächst die Burg mit ihrer Schildmauer steil auf

Herren von Rötteln, das aufgrund seines Alters auch überregionale Bedeutung hat.

Die Herren von Rötteln strebten nach Höherem – Bischofswürden in Basel und Konstanz sind dafür ein Zeichen. Doch diese Politik, innerhalb der Familie hohe Ämter zu erwerben, kostete Kraft und Geld. Im 13. Jahrhundert, als die Rötteler solche Ämter bekleideten, gab es auch erste Rückschläge. Im Jahr 1289 musste der Edle Otto von Rötteln dem Kloster St. Blasien im Schwarzwald zur Abtragung einer Schuldenlast einen Teil seiner Güter verkaufen. Zu dieser Zeit befand sich die Familie nicht mehr auf dem Höhepunkt ihrer Macht, 1316 starb mit Luithold II., Domherr zu Basel, die männliche Linie derer von Rötteln aus. Die Letzte ihres Namens, Agnes, heiratete Rudolf I. von Hachberg-Sausenberg, mit dessen Geschlecht eine neue, glanzvolle Phase für die Burg begann.

DIE ERSTE BURG

Die erste Burg der Freiherren von Rötteln, die im Jahr 1259 unter Konrad I. zum ersten Mal urkundlich erwähnt wird, ist in ihren Dimensionen noch recht gut

Der Bergfried an der höchsten Stelle der Burg

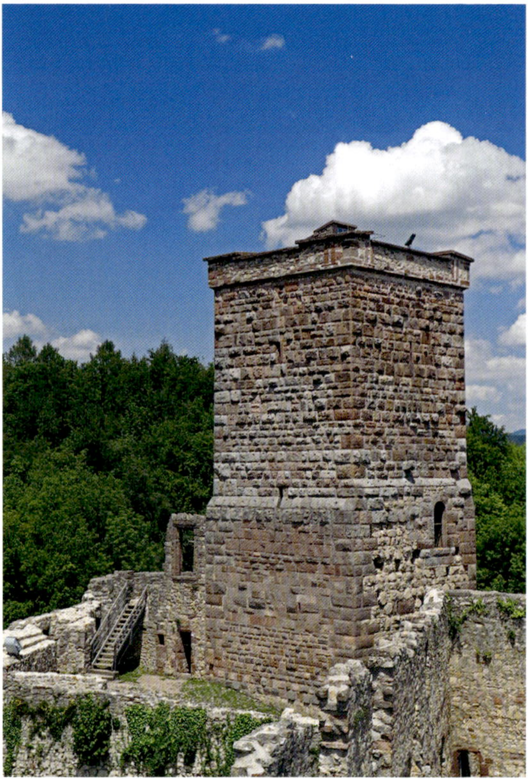

erfahrbar, wenn auch der Blick durch viele spätere Bauwerke verstellt ist. Im Wesentlichen handelte es sich um das Areal der Oberburg, das eine erste Kuppe des Hügelkamms einnahm. Ein ovaler Mauerring, auf dem vielleicht die heutigen Mauern aufsitzen, wird das Areal umgeben haben, in das sich die Herren von Rötteln zurückziehen konnten. Nach drei Seiten – zum Wiesental im Süden, nach Osten und Westen – fiel das Gelände relativ stark ab und musste deswegen kaum gegen Feinde geschützt werden. Nur vom Hügelkamm im Norden drohte Gefahr, weswegen diese Seite zu befestigen war. Hier wurde der Felsen mehrere Meter tief abgetragen, sodass ein tiefer Halsgraben entstand. Darüber wurde eine mächtige Schildmauer aufgeführt, die mit ihrer dicken Mauer feindlichen Angriffen trotzen konnte.

Wichtigstes Bauwerk im Innern ist der quadratische Bergfried, der an der höchsten Stelle der Bergkuppe mit einer Ecke gegen die Schildmauer gelehnt errichtet

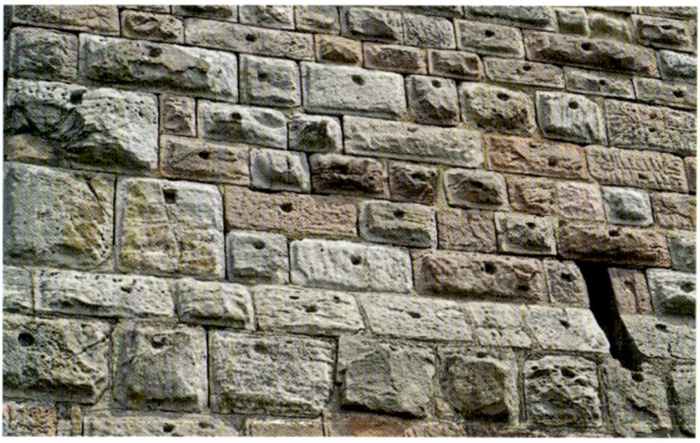

Buckelquader des Bergfrieds

wurde. Durch diese Ausrichtung konnten Geschosse leicht an der Außenmauer abgleiten. Er steht noch in voller Höhe und ist in der Qualität der Ausführung ein beredtes Zeugnis für die Macht seiner Herren.

Die technische Ausführung des Bergfrieds ist charakteristisch für den Burgenbau des Oberrheins. Sorgfältig sind die Steinquader aus rotem Buntsandstein behauen und ohne Mörtel aufeinander geschichtet. Die meisten Quader sind als so genannte Buckelquader gestaltet worden, das heißt, die Kanten sind sehr präzise behauen, aber die übrige Oberfläche wurde kantig stehen gelassen. Dadurch wirkt die Mauer besonders trutzig und abweisend. Die Herkunft dieser Technik ist nicht bekannt. Sie wurde kurz vor der Mitte des 12. Jahrhunderts in Mitteleuropa erstmals eingesetzt. Diese häufig von den Staufern eingesetzte Art der Steinbearbeitung verleiht der Burg eine wehrhafte und gleichzeitig repräsentative Erscheinung.

An den Ecken sieht man eine zweite Art von Quadern, die mit einem feinen Netz von Linien überzogen sind. Diese Methode der Steinbearbeitung ist sehr aufwändig, sie erfordert einen geschulten Steinmetzen und sorgfältige Vorbereitungen. An einer Burg finden sich solche Quader sonst nie, ähnlich gearbeitete Steine sind nur vom Kirchenbau her bekannt, und dort eher bei Bauten des 11. Jahrhunderts. Aus diesem Grund wurde auch schon vermutet, dass die Steinquader von einem anderen Bauwerk aus der Nähe geholt und hier wieder verwendet worden sind. Diese interessante These kann bislang jedoch leider nicht erhärtet werden.

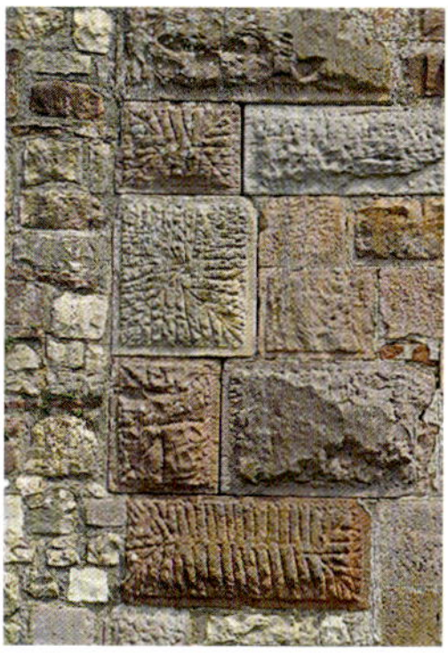

Quader mit Netzlinien am Bergfried

Quader mit Zangenloch

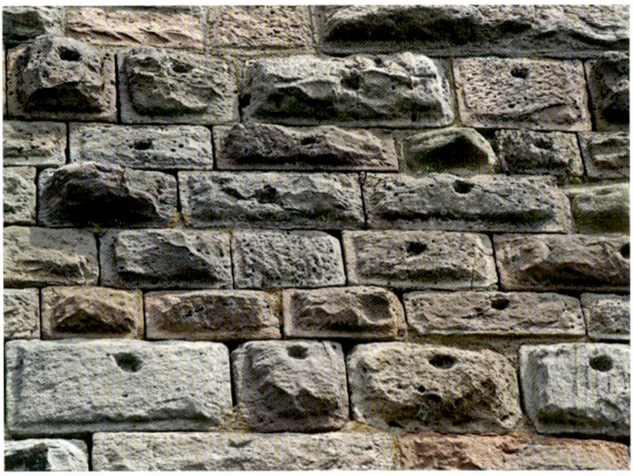

In größerer Höhe finden sich dann Quader mit Löchern, die genau in der Mittelachse der Vorderseite – und nicht sichtbar auf der Rückseite – angebracht sind. Diese Steinquader wurden mit so genannten Wolfszangen gehoben, die in diese Löcher eingegriffen haben. Da für diese Arbeiten größere Maschinen wie zum Beispiel Kräne eingesetzt werden mussten, ist dieser Teil des Bergfrieds wohl erst im 13. oder 14. Jahrhundert entstanden.

Damit entpuppt sich der Turm als ein Schlüssel zum Verständnis der ersten Burganlage. Schon seine Bautechnik zeigt, mit welchem Aufwand er unter Einsatz der jeweils neuesten Technologie errichtet wurde. Der Bergfried war auch machtpolitisch ein Symbol und strategisch von Bedeutung. Aus meterdicken Mauern errichtet, hatte er einen Einlass erst im Obergeschoss und sehr enge Fensterschlitze. Dadurch war er leicht zu verteidigen, und hierher konnte sich der Burgherr im Gefahrenfalle zurückziehen.

Schon zur Zeit der Freiherren von Rötteln füllte sich diese erste Burganlage, das Gelände innerhalb des Mauerrings der Oberburg, allmählich mit weiteren Gebäuden für die Wohnung und Hofhaltung der Herren. Der Platz davor dürfte für das Gesinde, für Handwerker und Viehhaltung zur Verfügung gestanden haben. Die dafür notwendigen Bauten – Wohnungen, Werkstätten und Ställe – waren sicher zunächst aus Holz gefertigt und wurden erst später durch Steinbauten ersetzt.

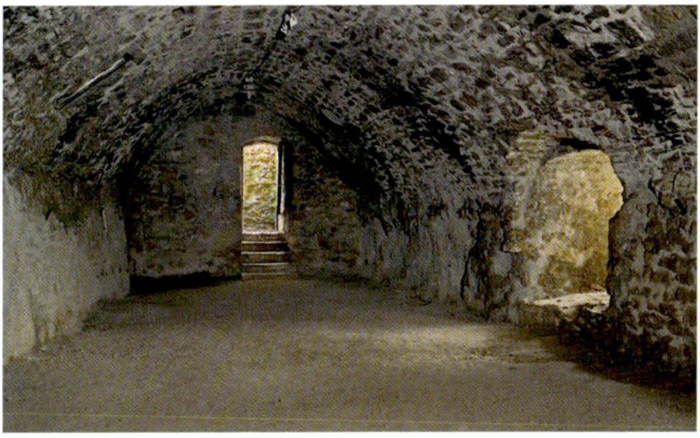

Kellergewölbe des Palas

In der Oberburg wurden entlang der Umfassungsmauer verschiedene Gebäude errichtet. Das wichtigste von ihnen war der Palas, das mehrstöckige Hauptwohngebäude einer Burg, dessen Außenmauern heute noch hoch aufragen. Im ersten Obergeschoss befand sich der Hauptraum, der meist die gesamte Grundfläche einnahm, mit großen Fenstern und einem Kamin. Hier empfing der Burgherr Gäste und gab Festessen. Darüber erstreckte sich der Wohnbereich

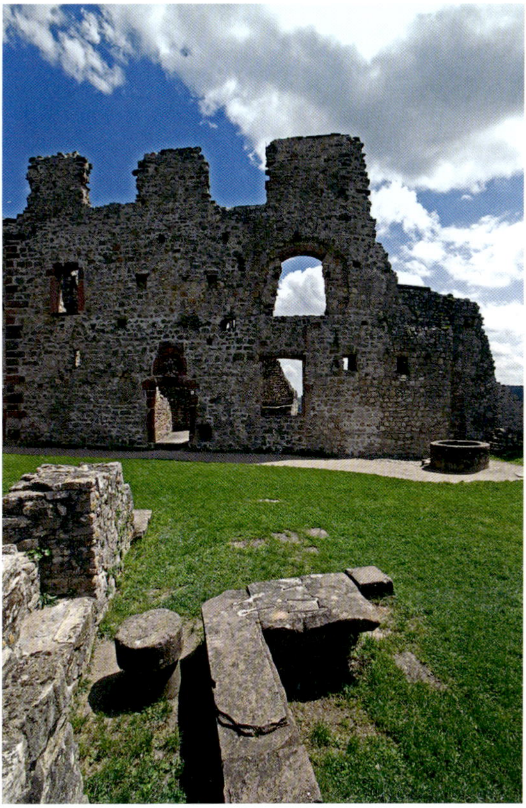

Der Palas mit der Öffnung der Filterzisterne

Der Torturm, Giller genannt

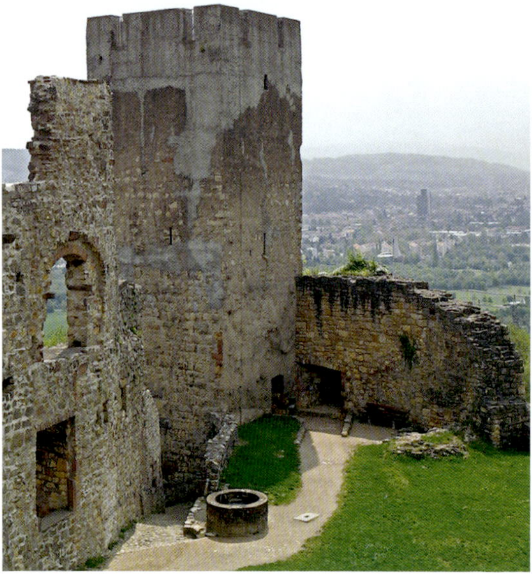

mit kleinen Schlafstuben, im Keller befanden sich Vorratsräume und die Küche. Das große erhaltene Kellergewölbe vermag noch eine Vorstellung von den Dimensionen dieses ersten Palasgebäudes zu geben. Wahrscheinlich war auch schon zu dieser Zeit im Hof der Oberburg eine Zisterne angelegt, deren Öffnung heute noch zu sehen ist.

Schwierig ist die Frage nach dem Hauptzugang der Burg in dieser frühen Zeit zu beantworten. Wie schon erwähnt, war die Burg im Norden durch den tiefen Halsgraben geschützt. Hier würde man auch eine Zugbrücke und ein Portal erwarten, jedoch gibt es davon keine Spur. Vielmehr befindet sich der Torturm, »Giller« genannt, im Süden, wo heute der Zugang von der unteren Burg her erfolgt. Wahrscheinlich hat ein Weg von Norden her unterhalb der Burgmauer zum Südende hingeführt, wo dann ein verriegelbares Portal am Giller entlang auf einem steilen Weg hinauf in den Burghof führte.

DIE BURG DER MARKGRAFEN VON HACHBERG-SAUSENBERG (1316–1503)

Mehr durch Zufall als durch gezielte Heiratspolitik fiel den Markgrafen von Hachberg-Sausenberg am Anfang des 14. Jahrhunderts die Rötteler Burg zu. Als 1316 der Letzte der Familie, Luithold II., starb, kam diese Burg in den Besitz der Hachberger, nachdem bereits im Jahr 1298 Agnes von Rötteln Rudolf I. von Hachberg geheiratet hatte. Dessen Brüder Rudolf II. und Otto übernahmen die Regierung der beiden Herrschaften Rötteln und Sausenberg nach 1316. Relativ schnell muss der Entschluss gefallen sein, lieber die Burg von Rötteln weiter auszubauen als die Sausenburg, die etwas abseits und in großer Höhe im Schwarzwald (hinter Kandern) lag. Zu dieser Zeit erhielt die Rötteler Burg ihre endgültige Größe.

DIE MARKGRAFEN VON HACHBERG-SAUSENBERG

Die Markgrafen von Hachberg, mit Sitz auf der Hochburg bei Emmendingen, waren eine Seitenlinie der badischen Markgrafen, die 1190 unter Heinrich I. (1190–1231) begründet worden waren. 1306 wurde das Erbe geteilt: Heinrich III. erhielt Hachberg mit Emmendingen, sein Bruder Rudolf I. die Markgrafschaft Sausenberg. Die Markgrafen von Hachberg-Sausenberg versuchten zunächst, ihre Basis in der Region durch ein fein verzweigtes Netz von Erbschaften, Lehen, Vogtei- und Grafenrechten auszubauen. Wichtig waren die Vogteirechte an den Klöstern St. Georgen im Schwarzwald oder Murbach im Elsass, besonders jedoch im nahen Basler Kloster St. Alban. Im südbadischen Raum glich ihre Herrschaft mehr einem Flickenteppich, weil sie einzelne Orte oft nur zum Teil besaßen und in anderen lediglich Gerichtsrechte hatten.

Erst unter Rudolf III. († 1428) änderte sich das. Im Jahr 1394 erreichte er die Reichsunmittelbarkeit, hatte also außer dem Kaiser keinen Herrn mehr über sich. 1414 wurde ihm das Geleitrecht verliehen, das ist der Schutz der durchfahrenden Händler. Damit waren regelmäßige Einkünfte verbunden. Das 1418 verliehene Recht, alle in seinen Ländereien sitzenden

Das Grabmal Markgraf Rudolfs III. in der Kirche von Rötteln

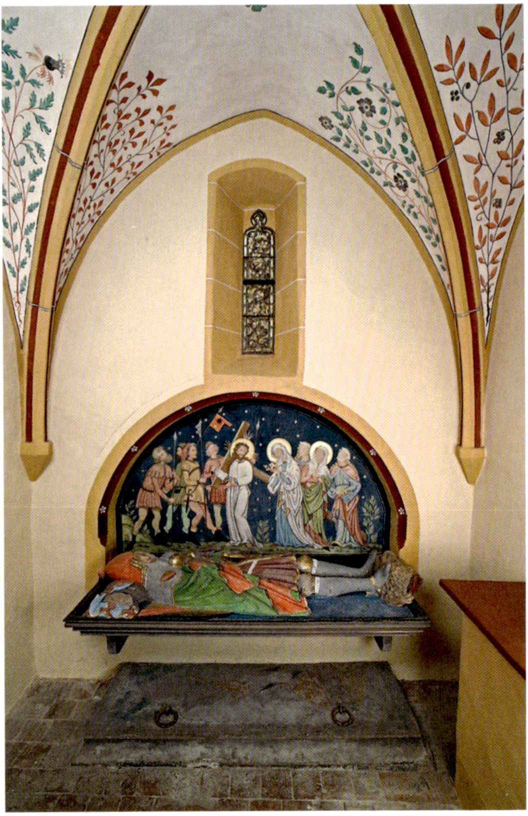

Gotteshausleute zu schirmen, war vielleicht noch wichtiger, denn es besagte, dass Vögte der verschiedenen Klöster deren Angehörige nicht auf dem markgräflichen Gebiet verfolgen durften. Dieses Privileg hat sich für die Durchsetzung territorialstaatlicher Ansprüche als wichtiges Instrument erwiesen. 1444 konnte schließlich die Herrschaft über Badenweiler übernommen werden, womit das heutige Markgräflerland halbwegs ein geschlossenes Territorium wurde.

Im 14. Jahrhundert war es offenbar durchaus noch nicht entschieden, wo der künftige Mittelpunkt der Herrschaft liegen sollte. Markgraf Otto († 1384) wollte nochmals Kloster Sitzenkirch (bei Kandern) zu einem markgräflichen Hauskloster ausbauen und wählte dort seine Grablege – er war jedoch der Letzte aus dem Hause, der dort begraben wurde. Unter seinem Nachfolger, dem lange regierenden Rudolf III., wendeten sich die Verhältnisse. Er verlegte den

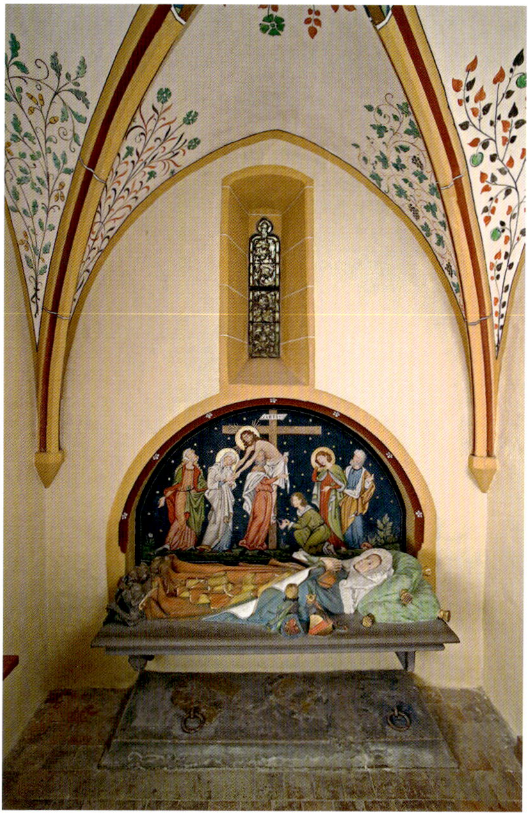

Grabmal seiner Gemahlin, Anna von Freiburg, in der gleichen Kapelle

Stammsitz endgültig nach Rötteln und baute hier die Herrschaft aus. Lörrach, damals noch ein Dorf, erhielt 1401 Marktrechte. In Rötteln veranlasste er den Neubau der Kirche, wo er mehrere Kaplaneien einrichtete. Hier stiftete er auch seine Grabkapelle mit aufwändigen Gräbern für sich und seine zweite Gemahlin Anna von Freiburg. So wie die Grabkapelle angelegt und mit Gräbern belegt ist, lässt sich vermuten, dass an diesem Ort eine Familiengrabstätte begründet werden sollte.

Der Nachfolger Rudolfs III., Markgraf Wilhelm, brachte Höhepunkt und Wende in der Geschichte der Hachberg-Sausenberger. Das Konzil, das Papst Martin V. nach Basel einberufen hatte und das hier von 1431 bis 1449 tagte, versammelte hohe Würdenträger in der Konzilsstadt. Basel wurde für viele Jahre Schauplatz der europäischen Diplomatie, nicht nur in kirchlichen Angelegenheiten – die Reform der Kirche stand auf

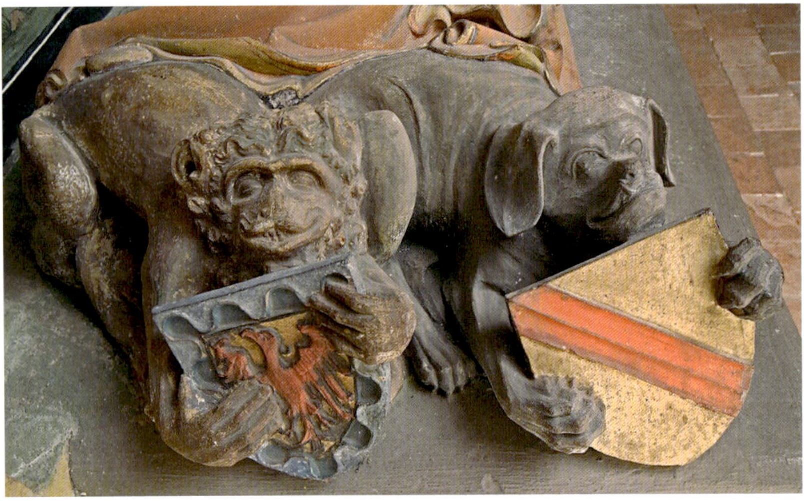

Hunde halten die Wappen der Markgräfin

dem Programm –, sondern auch in weltlichen. Markgraf Wilhelm trat als geschickter Diplomat auf und wurde Vertrauter am burgundischen und französischen Hof. Der Kaiser ernannte ihn zum Schirmherrn der Stadt Basel (1433) und des Konzils (1436), schließlich wurde Wilhelm Landvogt im Elsass, Sundgau und Breisgau (1437).

Doch schnell wandte sich sein Glück. Die Schulden seines Vaters hatte er noch vermehrt, sodass Markgraf Wilhelm 1441 zu Gunsten seiner noch unmündigen Söhne auf die Herrschaft verzichten musste. Vormund und Regent wurde deren Onkel Graf Johann von Freiburg-Neuenburg, weswegen die Residenz zeitweilig nach Neuenburg (Neuchâtel, Schweiz) verlegt wurde. Wilhelms Sohn Rudolf IV. († 1487) führte den Hof seines kinderlosen Onkels in Neuenburg fort. Hier heiratete er Margareta von Vienne, wodurch seine Bande mit dem burgundischen Hofe gestärkt wurden. Letzterer war einer der glänzendsten und weithin berühmten Fürstensitze des ausgehenden Mittelalters, wie es in Dijon heute noch recht gut zu erleben ist. Rudolf IV. kümmerte sich zwar weiterhin um seine Besitztümer im Markgräflerland, doch setzte mit ihm eine neue Phase ein: Nicht mehr die Markgrafen selbst bewohnten die Burg, sondern sie wurde ein Verwaltungszentrum mit Landvögten als Regenten.

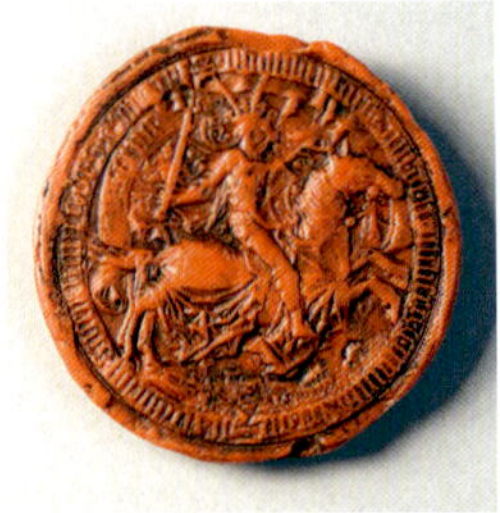

Siegel Rudolfs IV.

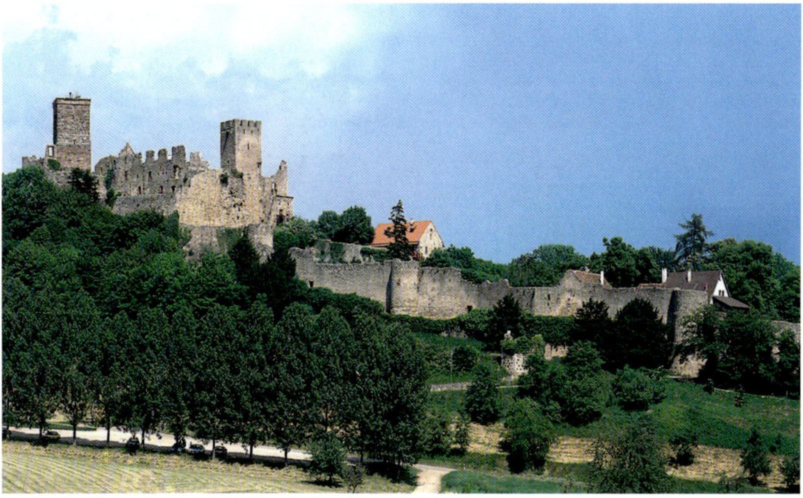

Die Mauern der Burg von Westen

DIE SPÄTMITTELALTERLICHE BURG

Unter den Markgrafen von Hachberg-Sausenberg erhielt die Burg im Wesentlichen ihre heutige Größe. Die meisten heute erhaltenen Ruinen gehen auf ihre Bautätigkeit zurück – von der einst herrschenden Pracht ist jedoch nichts mehr zu sehen.

Ein bedeutendes Ereignis im 14. Jahrhundert stellte für die ganze Region das Erdbeben von 1356 dar, das nach den überlieferten Berichten sein Epizentrum im nahen Basel hatte. Es war über viele hundert Kilometer noch zu spüren, sogar im fernen Rothenburg ob der Tauber. Die Chroniken berichten von Zerstörungen an zahlreichen Kirchen und Burgen. Rötteln wird dabei zwar nicht aufgeführt, aber aufgrund der starken Schäden in Basel, sogar an der Münsterkirche, kann man von großen Schäden auch an der Burg ausgehen. Wahrscheinlich hat nur der massive Bergfried das Erdbeben gut überstanden. Manche Reparaturen dürften schnell durchgeführt worden sein, doch auf wirklich große Neubaumaßnahmen musste man offenbar Jahrzehnte warten. Erst im Laufe des 15. Jahrhunderts wurde die Bautätigkeit reger.

Mauern und Tore

Seit der hochmittelalterlichen Zeit hatte sich die Wehrtechnik stark weiterentwickelt. Mit dem

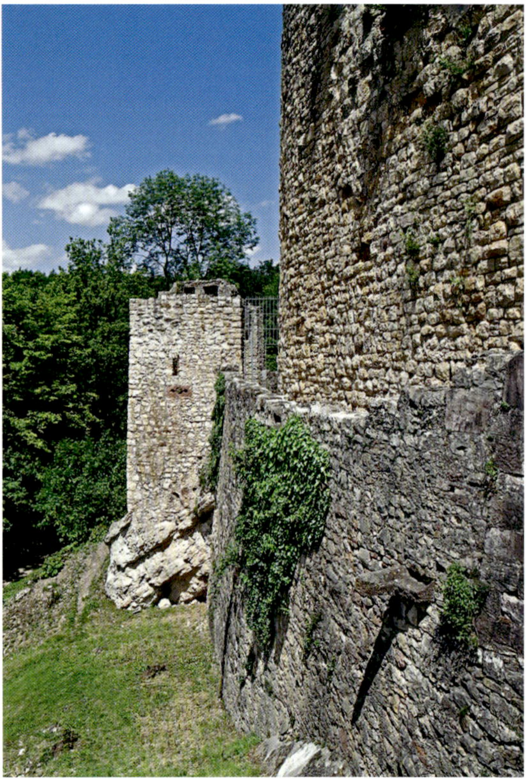

Die Burgmauern der Oberburg nahe der Zugbrücke

Schießpulver waren im 14. Jahrhundert die Feuerwaffen erfunden worden, die eine neue Verteidigungstechnik verlangten. Die stärkere Durchschlagskraft der Kanonen erforderte dickere Mauern bzw. einen doppelten Mauerring, den Zwinger, der als Laufgang diente und die innere Mauer schützte. Für eigene Geschütze mussten nun die Schießscharten den neuen Waffen angepasst und Platz für sie geschaffen werden, wofür halbrunde Türme ausgebaut wurden.

Die gesamte Burg, also Ober- und Unterburg, wurde in diese neuen Befestigungsmaßnahmen mit einbezogen, was zeigt, dass die Unterburg inzwischen an Bedeutung gewonnen hatte. Diese Bauarbeiten zogen sich über lange Zeit hin – vom 14. bis ins 16. Jahrhundert. Während die Ostseite der Burg durch den steil abfallenden Felsen recht gut gesichert war, erschien die Westseite stärker gefährdet. Hier errichtete man auf der ganzen Länge halbrunde Türme, und eine zweite Mauer, teilweise sogar eine dritte, wurde vorgelegt.

Wichtigster Teil der Befestigung waren die Toranlagen, die sämtlich neu angelegt wurden. Das äußere Burgtor ganz im Süden der Burg war schon sehr früh entstanden und enthielt tief gestaffelte Torkammern, die es erlaubten, den Zugang mehrfach abzusichern. 1409 war es erstmals erwähnt worden, endgültig ausgebaut wurde es 1468 unter Rudolf IV., dessen Wappen es schmückt.

Eigentlicher Hauptzugang blieb aber das Tor an der westlichen Längsseite der Burg, von wo der Weg durch die Vorburg in einer Serpentine hinauf zum tief eingeschnittenen Graben führt, der die Oberburg absichert. Der steinerne Pfeiler stützte schon im Mittelalter die Brücke, die den einzigen Zugang zur Oberburg darstellte. Diese war jedoch, wie die Spuren am Portal erweisen, als Zugbrücke gebildet. Das Haupttor der Oberburg mit dem alten verwitterten Wappenstein der Markgrafen von Hachberg-Sausenberg (das Original befindet sich im Museum, am Ort eine Kopie) wurde der älteren doppelten Toranlage vorgesetzt. Durch die Schlüsselschießscharten zu beiden

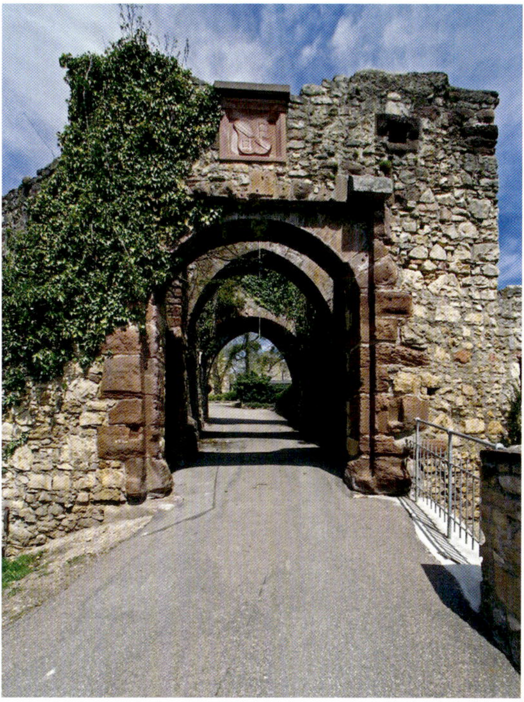

Das tief gestaffelte Südtor der Burg von 1468

Der Halsgraben mit der Brücke zur Oberburg

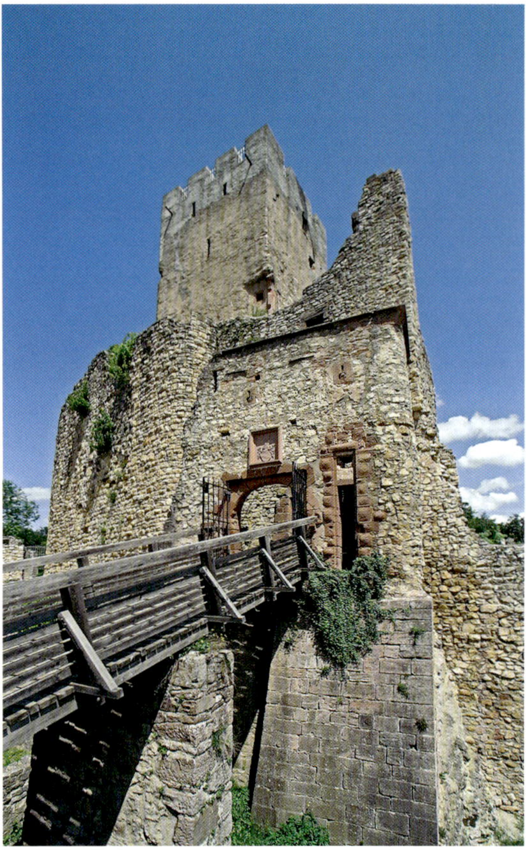

Seiten konnte es gut verteidigt werden. Ein kleiner Einlass zur rechten Seite des Haupttores konnte benutzt werden, wenn das große Portal bereits verriegelt war. Im Innern ist die Toranlage an den Wartturm Giller angelegt, in der sich eine Turmwächterstube mit eigenem Kamin befand.

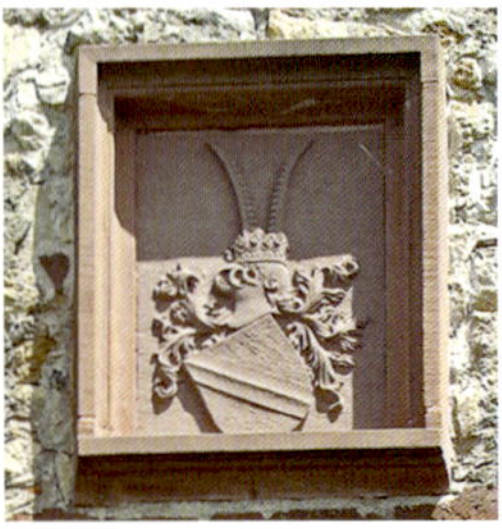

Das Wappen der Markgrafen von Hachberg-Sausenberg am Portal (Kopie)

Die Oberburg

Ein steiler, mit groben Kieselsteinen befestigter Weg, auf dem auch geritten werden konnte, führt hinauf in den Innenhof der Oberburg. Im 15. Jahrhundert muss er wesentlich enger gewirkt haben, weil er rings von hoch aufragenden Gebäuden umgeben war. In seiner Mitte sicherte eine Zisterne, die an ihrem Mundloch zu erkennen ist, den Wasserbedarf der Oberburg. Die Rötteler Chronik berichtet, dass sie 1420 ausgebessert worden sei, was bedeutet, dass sie damals wohl schon ein beträchtliches Alter gehabt hatte. Dabei handelte es

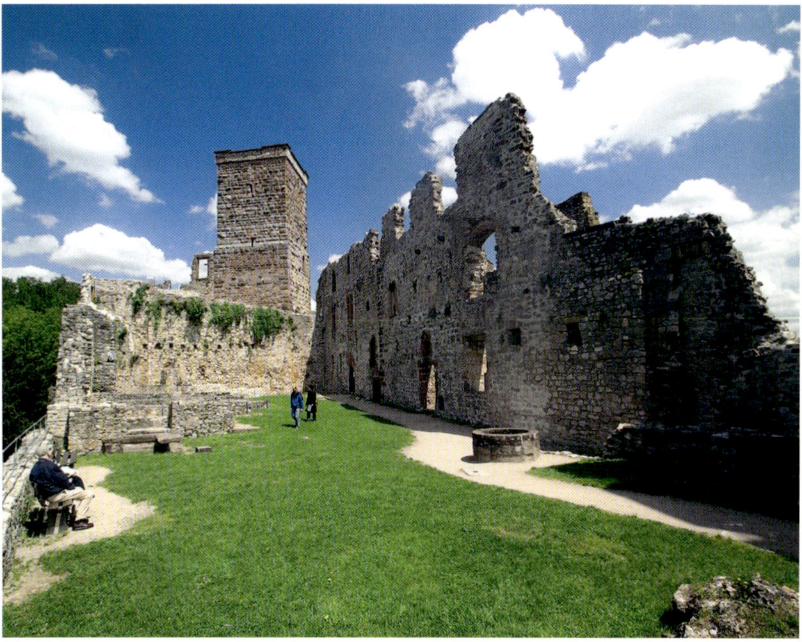

Der Burghof mit Palas, Bergfried und dem Zisternenmund im Vordergrund

sich um eine Filterzisterne, bei der das von den umliegenden Gebäuden aufgefangene Wasser durch feine Sandschichten gefiltert wurde. Das auf diese Weise gereinigte Wasser sammelte sich an der tiefsten Stelle der Zisterne und konnte wie aus einem Brunnen mit Eimern geschöpft werden.

Die Bauten auf der linken, westlichen Seite sind fast vollständig verschwunden. Ein geräumiger Kellerraum bietet jedoch einen interessanten Befund: In das ehemals vorhandene Kellergewölbe sind trichterförmige, tiefe Fenster eingeschnitten. In der Mitte befindet sich außerdem ein kreisförmiges Loch, in dem ein Mühlrad gedreht werden konnte. Hier war demnach eine Mühle untergebracht und so dienten wahrscheinlich alle Keller im oberen Hof der wirtschaftlichen Versorgung der Burgbewohner.

An der kurzen Nordseite des Hofes befand sich früher die der Maria geweihte Burgkapelle, die aber erst für die Jahre um 1500 bezeugt ist. Die Funktion als Kapelle ist zumindest anzunehmen, weil der Raum mit einem gotischen Gewölbe eingedeckt war, was die Ansätze an den Wänden noch zeigen. Derartiger

Keller, einst als Mühlenraum eingerichtet

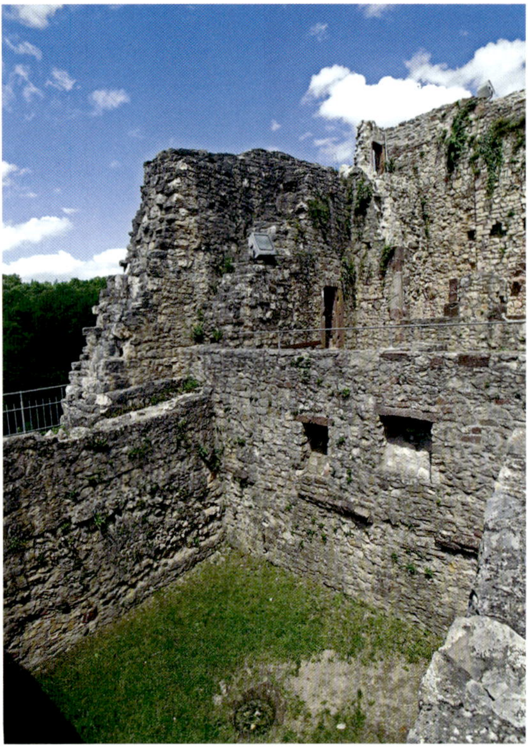

Aufwand wurde auf Burgen nur mit wenigen Räumen betrieben. Der mächtige steinerne Altartisch wurde nach der Zerstörung der Burg in den Palas geschleppt. Offenbar erhielt die Kapelle jedoch schon bald eine andere Nutzung, als in eine Wand Sitznischen und an einer Stirnseite ein Kamin eingebaut wurde.

Der Palas

An der Ostseite ragt auch heute noch fast in voller Höhe das alte Hauptgebäude auf: der Palas. An ihm sind deutlich die verschiedenen Bauetappen abzulesen. Drei Stockwerke hoch ist die Fassade erhalten, wobei die eigentliche Stockwerksunterteilung – möglicherweise gab es Zwischengeschosse – nicht deutlich erkennbar wird. An einigen vorkragenden Steinen lässt sich ablesen, dass zur Hofseite hin hölzerne Galerien angebracht waren. Außerdem wurde das eigentliche Palasgebäude nach Norden, zum Bergfried hin, mehrmals erweitert. Zusätzlich sind offenbar die Umfassungsmauern verstärkt worden, wohl als Konsequenz aus dem Erdbeben. Erst das letzte Obergeschoss läuft

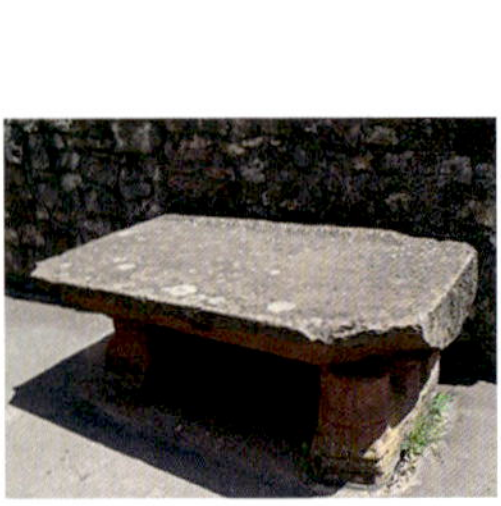

Altartisch der Burgkapelle am Palas

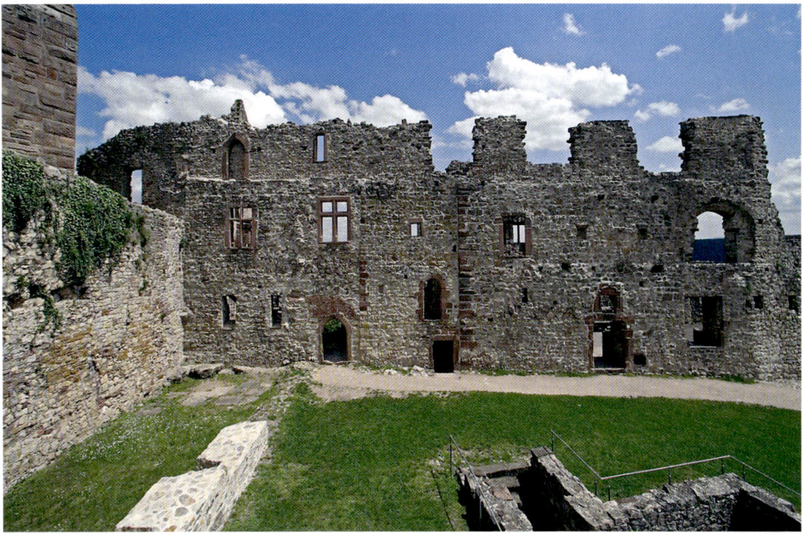

einheitlich über alle Bauteile hinweg, sodass man sich vorstellen kann, wie der alte romanische Palas sowohl erweitert als auch erhöht worden ist.

Die Fassade des Palas mit ihren unterschiedlichen Niveaus und Fensterformen

Die ganze Pracht des Palasgebäudes lässt sich heute nur noch erahnen. Allein die mächtigen und hoch aufragenden Umfassungsmauern vermögen einen Eindruck von seiner Größe zu geben, zumal wenn man bedenkt, dass üblicherweise der Raum im Hauptgeschoss die

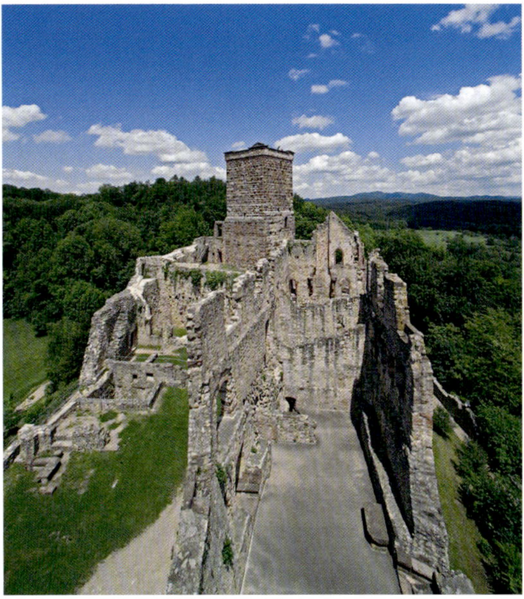

Der Palas von innen mit seinen Außenwänden

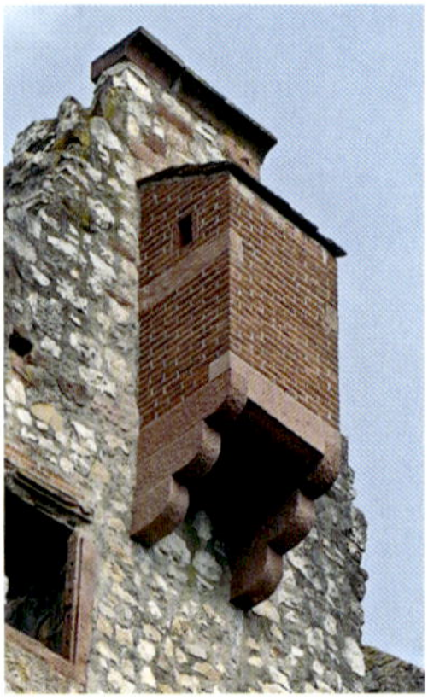

Ein Aborthäuschen an der Palasaußenwand

ganze Fläche eingenommen hat und nur der Länge nach mit einer Säulenstellung in einen zweischiffigen Raum unterteilt wurde.

Die Fenster, die in die Außenwände eingelassen waren, bildeten große Nischen, an den Wandschrägen davor wurden Sitzgelegenheiten geschaffen. Recht gut kann man sich vorstellen, dass hier die Burgbewohner saßen und den Blick ins Wiesental genossen haben, zumindest im Sommer, wenn die Temperaturen es erlaubten. Im Geschoss darüber hat sogar eine ganze Fensterzeile den Hauptsaal des Palas belichtet.

Zum Komfort eines Palasgebäudes gehörten auch Abortanlagen, die freilich noch keine Wasserspülung hatten. Auf jeder Etage befand sich ein Abtritt: An der Palasaußenseite wurde über einigen vorkragenden Steinlagen ein kleiner Vorbau zur Ableitung in den Burggraben angebracht.

Die großen, festsaalähnlichen Räume im Palas hatten jedoch auch Nachteile. Sie waren schwer zu beheizen; die Kamine, deren Rauchabzüge noch zu sehen sind, reichten kaum dafür aus. Da die Fenster entweder ganz offen oder nur mit Holzläden verschlossen waren, wurden die Säle vor allem im Sommer benutzt. Die kalten Mauern wurden mit Teppichen verhängt, um eine gewisse Wärme zu erzeugen. Sonst zog man sich in kleinere Räume zurück, in die Privatgemächer und Kemenaten, deren Wände holzgetäfelt und die leichter zu beheizen waren.

Fensteröffnungen und Fensternischen im Palas

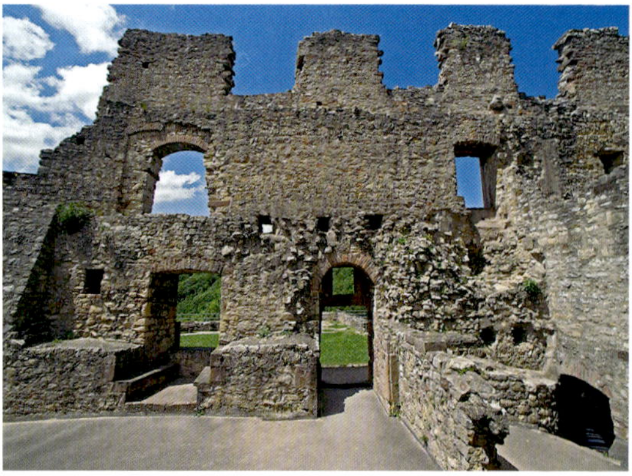

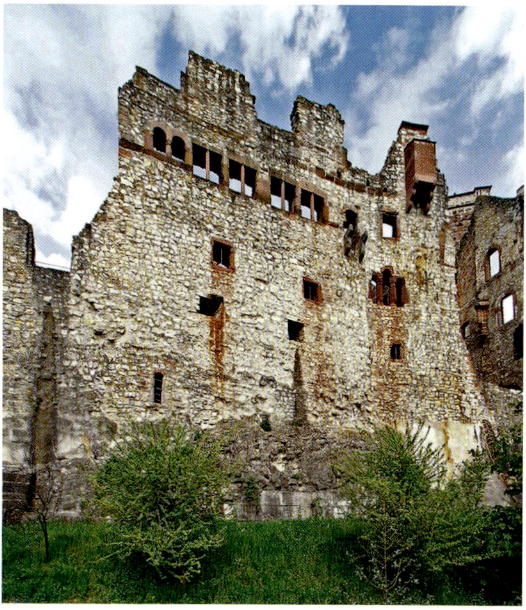

Hauptgeschoss des Palas mit seinen großen Doppelfenstern

Der Anbau an den Palas nach Norden, der so genannte Neue Bau, bot eine ganze Reihe solcher kleinerer Räume. Diese waren teilweise gewölbt und hatten offenbar in jedem Stockwerk einen eigenen Kamin. Ihre Kreuzstockfenster zeigen viel modernere Bauformen als die alten Fenster des Palas, sie verkörpern die feine Architektursprache der Zeit um 1500, die damals am Oberrhein ganz neuartig war. In die gleiche Zeit gehört das Portal, das in diesen Gebäudeteil hineinführt. Es hat einen »Eselsrücken«, ein nach oben gewölbtes Maßwerk. In der Mitte zeigt der Schlussstein das Wappen Markgraf Philipps († 1503), das neben dem badischen Anteil noch das Neuenburger und das Savoyer Wappen zeigt, verbunden mit »1494«. Diese Jahreszahl deutet auf einen Besuch des Markgrafen auf seiner Burg hin.

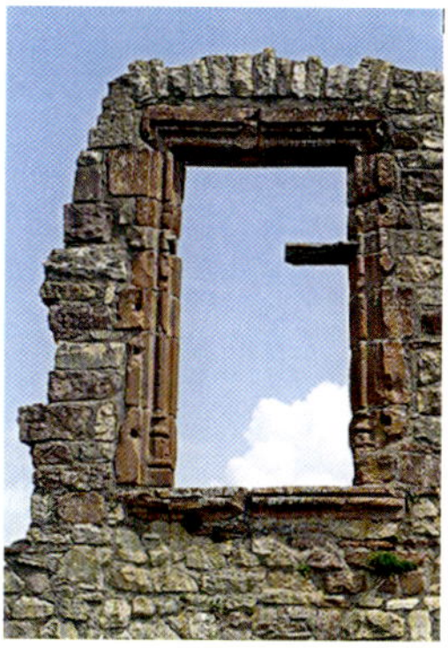

Reste eines Kreuzstockfensters

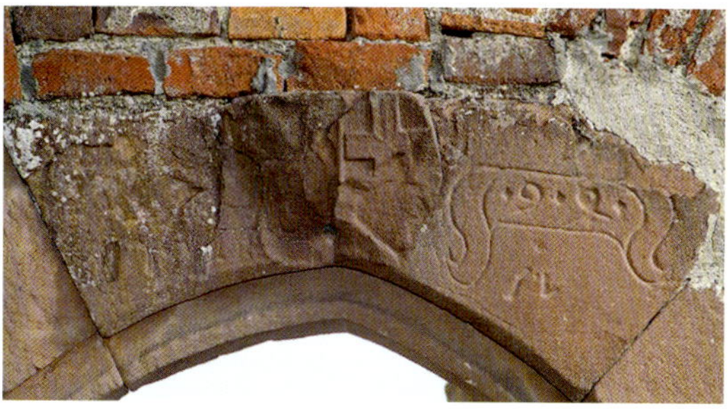

Der Wappenstein mit der Jahreszahl »1494« am Neuen Bau

Ausstattung der Burg

Es ist nur noch zu ahnen, dass mit Markgraf Philipp auf Burg Rötteln eine neue Zeit angebrochen war. Die Gebäude zeigen es leider nicht mehr so gut, aber es gibt andere Zeugnisse, die uns den Reichtum dieser Epoche deutlich machen, nämlich einen Pilgerbericht aus der Zeit Rudolfs IV. und die bei der Burg gefundenen Ofenkacheln.

Der Pilger Hans von Waltheim aus Halle an der Saale hatte 1474/75 eine Fahrt nach Südfrankreich unternommen, worüber er ausführlich berichtete. Natürlich betraf das meiste seiner Aufzeichnungen die Reliquien, die er unterwegs in Kirchen und Klöstern vorfand. Bei der Durchreise durch das Markgräflerland erwähnt er jedoch als besonderes Ereignis einen Besuch der Burg Rötteln:

»So bin ich am Sonnabend nach Kiliani [9. Juli 1474] von Basel mit Herrn Heinrich Blumen, Probst zu Interlaken, auf des Markgrafen Schloss Rötteln geritten, anderthalb Meilen von Basel, um einen Meister und sein Werk zu sehen. ... Das war das hübscheste Werk von Bildern, von Angesichten, von Kleidungen, von Tieren und Blumen und von anderem Werke, gleich als ob es lebte, dergleichen ich nicht viele gesehen habe. Und der Amtmann des Markgrafen führte uns in die Kammer des

Rötteler Ofenkacheln

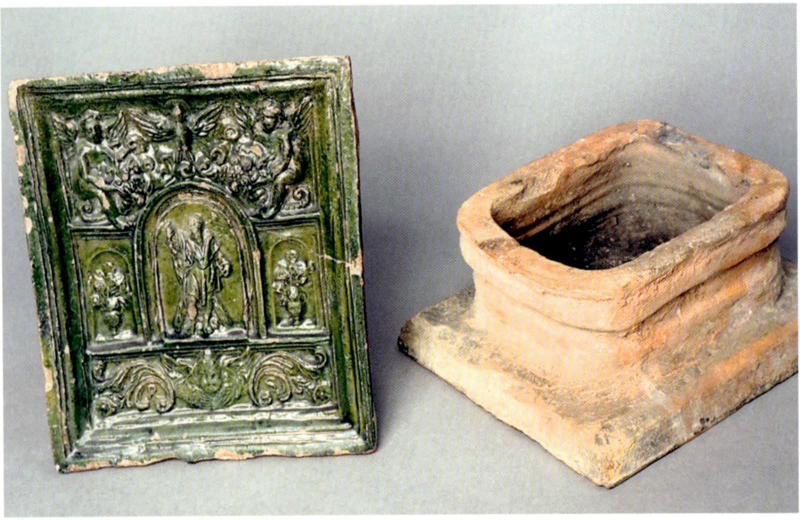

Markgrafen und in seine Harnischkammer, auf den Turm und ins Mosthaus und in alle Ecken. Hier gab er uns auch zu essen und zu trinken…«

Der Bericht zeigt, wie schon im ausgehenden Mittelalter Burgen in eine Besichtigungsroute – samt Turmbesteigung – aufgenommen wurden. Außerdem wird deutlich, dass es einen gewissen Ausstattungsluxus wie Teppiche und Bilder gab, und dass auf der Burg Werkstätten für die Herstellung der Raumeinrichtung vorhanden waren. Auf Burg Rötteln war offenbar ein bekannter burgundischer Teppichwirker tätig. Für diese Teppiche und Tapisserien, wie sie hier hergestellt wurden, waren die burgundischen Werkmeister berühmt, und manch schönes Exemplar kann man heute noch in den Museen in Basel oder Bern bewundern.

Ein weiteres Beispiel für gehobene Ausstattung auf einer spätmittelalterlichen Burg sind die Ofenkacheln, die heute im Burgmuseum auf Rötteln sowie im Museum in Lörrach ausgestellt sind. Denn im 15. Jahrhundert war man nicht mehr nur auf die Heizleistung der offenen Kamine angewiesen. Seit dem 14. Jahrhundert hatte sich die Technik der Ofenherstellung weiterentwickelt. Es wurden Kacheln mit möglichst großer Oberfläche hergestellt, die die Wärme gut speichern und an die Umgebung abgeben konnten. Damit war es nun möglich geworden, viel mehr Räume und diese auch gleichmäßiger zu heizen als früher. Form und Material der Öfen änderten sich rasch. Es wurden auch gusseiserne Ofenplatten hergestellt, welche die Wärme schneller aufnahmen. Nach den gefundenen Resten zu urteilen, muss es auf der Burg mindestens 10 bis 15 solcher Öfen gegeben haben. Etliche davon stammten aus der Zeit der Markgrafen Rudolf IV. und Philipp, als die schönsten Waren aus Burgund und der Westschweiz nach Süddeutschland importiert wurden. Rötteln scheint hierbei eine wichtige Funktion gehabt zu haben, was die Verbreitung der Öfen und Vermittlung ihrer Formen nach Osten und Norden angeht.

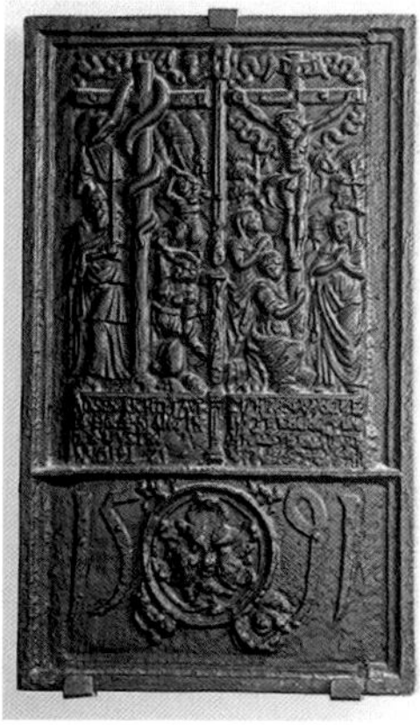

Eiserne Ofenplatte mit biblischen Szenen aus dem Jahr 1591

DIE BURG DER MARKGRAFEN VON BADEN (1503–1678)

Als Markgraf Philipp 1503 ohne Erben starb, fiel das Markgräfler Land an die badische Hauptlinie zurück, wie es 1490, im »Rötteler Gemächte«, vertraglich festgelegt worden war. In diesem Erbvertrag zwischen Philipp und dem Markgrafen Christoph von Baden war eine Heirat von Christophs Sohn und Philipps Tochter vorgesehen gewesen. Obwohl diese Ehe nicht zustande kam, erhob der Markgraf von Baden Anspruch auf das Sausenberger Land im Breisgau. Am 24. September 1503 erschien Markgraf Christoph in Rötteln und nahm die Burg ein.

Nun verstärkte sich eine Entwicklung, die schon vorher begonnen hatte: Die Hachberg-Sausenberger hatten sich zwar in großem Maße um den Ausbau der Burg gekümmert, doch ihre Residenz hatten sie anderswo genommen, nämlich vor allem im schweizerischen Neuenburg sowie in Burgund. Diese Tendenz setzte sich unter den neuen Herren fort. Der Regierungssitz der Markgrafen und somit die Verwaltung der Burg befand sich hauptsächlich in Pforzheim, später in Durlach.

Bei der großen badischen Teilung von 1535, als die Markgrafschaft unter die beiden verbleibenden Söhne des Markgrafen Christoph aufgeteilt wurde, fiel Rötteln mit seinem ganzen Umland vor den Toren von Basel, aber auch Sausenberg mit Kandern und Sulzburg sowie die Hochburg mit Emmendingen an den jüngsten Sohn, Markgraf Ernst, der die Durlacher, die »ernestinische« Linie der Markgrafen begründete, die bis 1771 bestand. Demnach gab es im Markgräflerland zwei vom Kernbesitz um Pforzheim/Durlach weit entfernte markgräfliche Herrschaftsgebiete mitten im vorderösterreichisch-habsburgischen Gebiet – in Insellage also. Dies begünstigte das Erstarken einer relativ autonomen landständischen Verwaltung in diesen abseits gelegenen badischen Territorien.

Unter der Regierung des Markgrafen Ernst brach im Jahr 1525 der Bauernkrieg aus. Als er im Oberland weilte, erhoben sich die Bauern gegen ihn, sodass er

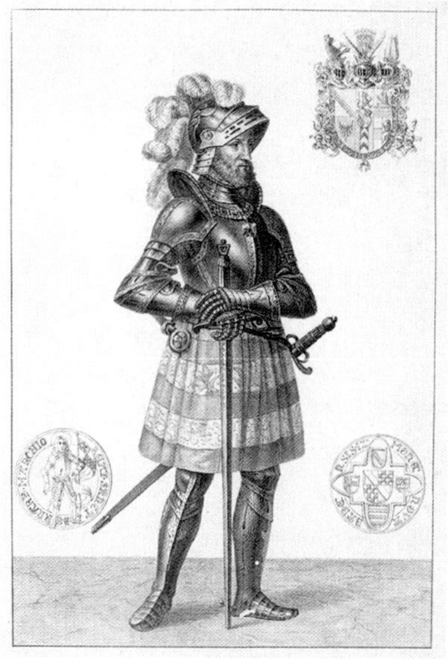

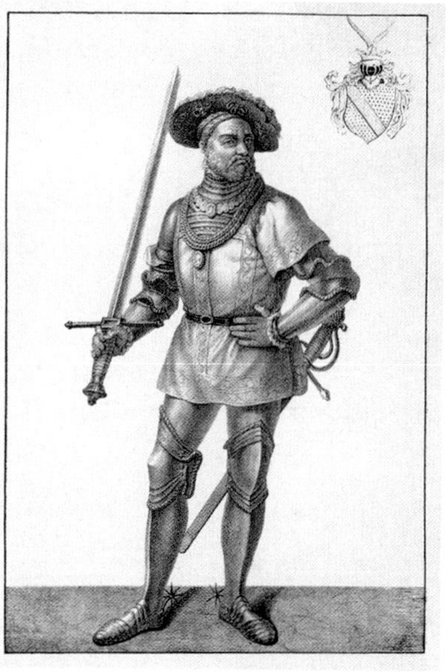

Christoph, Markgraf von Baden (links), und Ernst, Markgraf von Baden, Lithografien um 1820

sich nur durch die Flucht nach Basel retten konnte. Das Gebiet um die eidgenössische Stadt bildete einen Schwerpunkt der Aufstände. Auch die Burg Rötteln wurde von den Aufständischen eingenommen, aber nicht beschädigt.

Dreißig Jahre später nahm Markgraf Karl II. von Baden-Pforzheim sein Fürstenrecht auf eine Neuordnung des Kirchenlebens in Anspruch und gab in den badischen Ländern eine neue, evangelische Kirchenordnung heraus. Mit der Einführung der Reformation bildete das Markgräflerland somit in einem rein katholischen Umfeld eine lutherische Enklave. Der Bezugspunkt wurde das calvinistische Basel, wo schon die Hachberger ein repräsentatives Haus besessen hatten und wo auch die Markgrafen von Baden-Durlach ein Schloss, später sogar eine Residenz besaßen. Vorteilhaft war außerdem, dass diese mächtige eidgenössische Stadt wirkungsvollen Schutz in Kriegszeiten bot.

Indirekt betrafen diese Entwicklungen auch Rötteln. Nur selten diente die Burg den Markgrafen als Wohnsitz oder Residenz, wenn sie ihr südliches Gebiet besuchten, denn die prächtig ausgestatteten Basler Höfe – bis hin zum schlossartigen Markgräfler Hof in

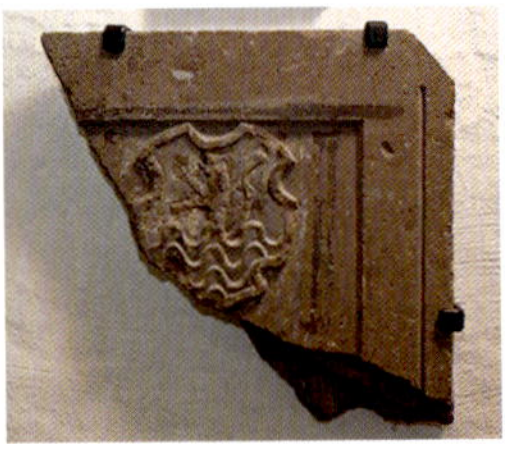

Grabungsfund: Reste des Rötteler Wappens

der Hebelstraße – liefen der altmodisch gewordenen Burg den Rang ab. Rötteln wurde ein Verwaltungszentrum, blieb mittelalterliche Burg und wurde nicht in ein Schloss im modernen Stil umgebaut.

BURG RÖTTELN ALS VERWALTUNGSZENTRUM

Durch die räumliche Entfernung zur badischen Residenz verselbständigte sich die Verwaltung der südlichen Landesteile. Die mächtigen Landstände begrenzten den Einfluss der markgräflichen Amtleute, die auf der Burg saßen: Immer öfter waren diese auf die landständische Zustimmung angewiesen.

Die Verwaltung des Markgräfler Landes war seit dem 14. Jahrhundert zunächst von der Sausenburg aus erfolgt und war dann auf Burg Rötteln übergegangen. Hier blieb sie auch, nominell bis zum Ende des Alten Reiches 1806, tatsächlich aber nur bis zur Zerstörung der Burg 1678. Einige wichtige Ämter waren geschaffen worden, so vor allem das des Landvogtes, der seit den Zeiten Rudolfs III. auf Rötteln residierte. Dazu kamen der Landschreiber mit seinem Gehilfen sowie der Burgvogt und später ein geistlicher Verwalter, der nach der Reformation das ehemalige kirchliche Vermögen verwaltete. Das markgräfliche Forstamt dagegen wurde in Kandern eingerichtet. Rötteln hatte sich in dieser Zeit also zu einem Verwaltungssitz entwickelt, in dem die markgräflichen Beamten residierten und teilweise über eigene Amtsgebäude verfügten.

Daneben gab es die so genannten Landstände als ein Selbstverwaltungsinstrument der politisch handlungsfähigen Bewohner. Die Landstände wurden vom Markgrafen einberufen und tagten in ihrer Hauptversammlung in Pforzheim bzw. Durlach, die Ausschüsse der Oberlande auf Rötteln und später in Sulzburg. Im 17. Jahrhundert verloren sie durch den Absolutismus und die damit verbundene monarchische Zentralisierung ihre politische Bedeutung; 1668 wurden die Landstände aufgelöst.

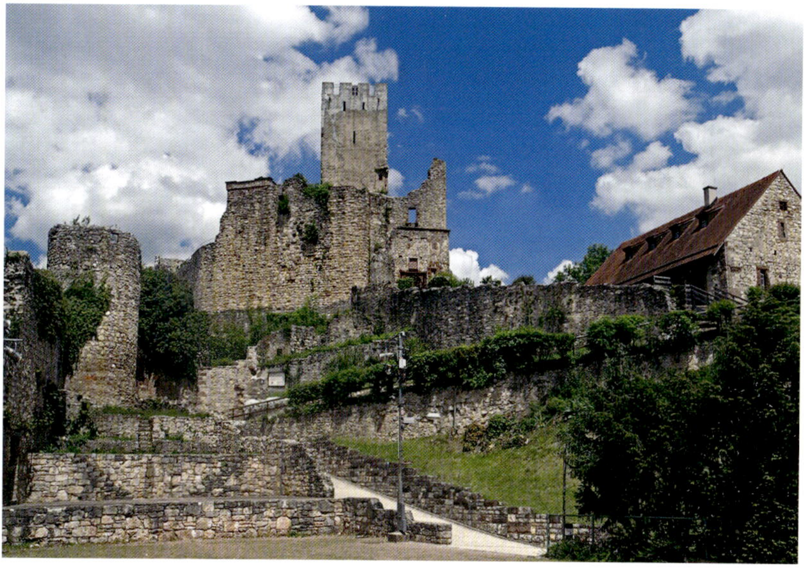

AUSBAU DER VORBURG

Die Oberburg, von der Vorburg aus gesehen

Tatsächlich war im 16. und 17. Jahrhundert die Bautätigkeit auf der Oberburg weit gehend eingestellt worden. Ihrer Funktion als Verwaltungssitz entsprechend wurde die Vorburg jedoch weiter ausgebaut, hier entstand eine relativ dichte Folge von Bauten entlang der östlichen und westlichen Mauer. Wichtigstes Gebäude innerhalb der Unterburg wurde die Landschreiberei (das heutige Museum). Als einzige moderne Verteidigungsanlage wurde das Tor der Vorburg nach Süden hin im 17. Jahrhundert nochmals durch den Bau einer großzügigen Bastion (»Kapf«) befestigt. Hier, auf dem großen Platz vor der eigentlichen Burg, konnten die Landstände sich versammeln, und hier waltete der Richter seines Amtes. Damit hatte die Burg nach ungefähr 500 Jahren ihre endgültige Form gefunden.

Diesen Zustand zeigen die wenigen zeitgenössischen Illustrationen. Sebastian Münsters Abbildung in seiner »Cosmographia« von 1562 und Matthäus Merians Stich von 1644 offerieren dabei ganz verschiedene Ansichten, welche die Burg auf zweierlei Weise charakterisieren. Sebastian Münster war die Burgfunktion zeitlich noch viel näher. So wählte er nicht von

Die älteste überlieferte Ansicht der Burg: Sebastian Münster, 1562

ungefähr eine Ansicht des Bergfrieds über dem mächtigen Halsgraben, um noch einmal die Herrschaftsfunktion der Burg herauszuheben. Merian dagegen zeigt sie von ihrer langen Ostseite. Sehr gut ist die Zweiteilung in Ober- und Unterburg zu erkennen sowie der majestätisch große Palasbau auf der Oberburg, der sich von den vielen, relativ kleinen Gebäuden der Unterburg deutlich unterscheidet. Nicht anzusehen ist der Burg, dass sie schon größere Zerstörungen hinter sich hatte.

Die Burg in ihrer größten Blüte: Matthäus Merian, 1644

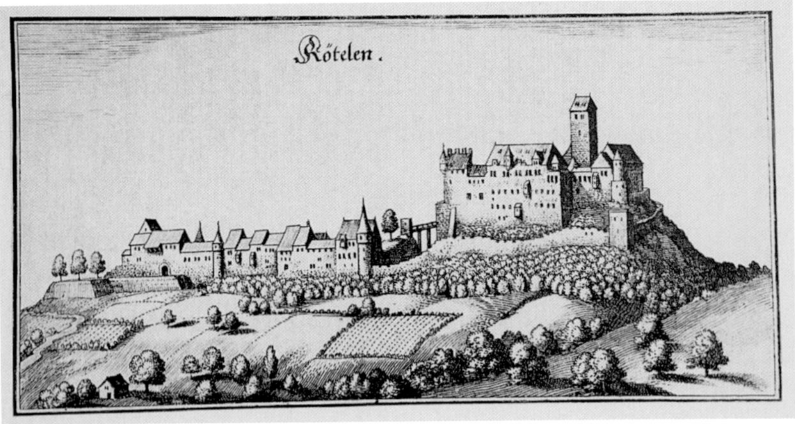

ZERSTÖRUNG, RUINENROMANTIK UND DENKMALPFLEGE (1678 BIS HEUTE)

LUDWIG XIV., KÖNIG VON FRANKREICH

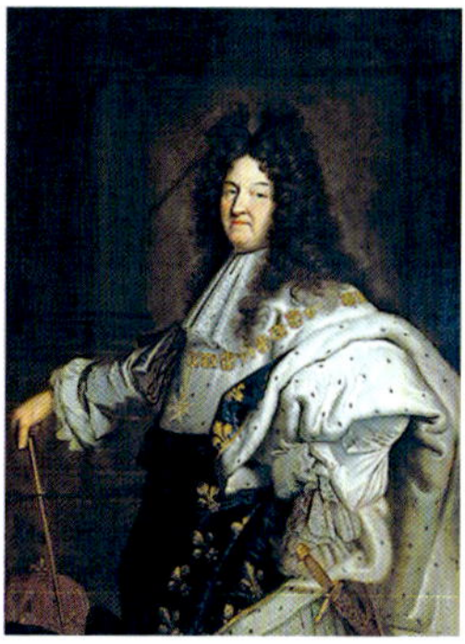

Hyacinthe Rigaud: Ludwig XIV., Öl, 1701

Bereits im Dreißigjährigen Krieg (1618–1648) war die Burg schwer beschädigt worden, die zweite Zerstörung erfolgte 30 Jahre später. Der französische König Ludwig XIV. (reg. 1643 bis 1715) setzte alles daran, sein Königreich zu vergrößern und diesem natürliche Grenzen zu geben. Im Osten Frankreichs bedeutete das vor allem die Einverleibung des Elsass, um den Rhein als Grenze zu haben. Als Vorwand dienten ihm dafür Gebietsansprüche aufgrund von Erbfällen. Mehrere solcher Reunionskriege (Krieg gegen die Niederlande, Pfälzer Erbfolgekrieg) führte Ludwig XIV. größtenteils mit Erfolg. In den Krieg Frankreichs gegen die Niederlande waren auch das Reich und Spanien verwickelt. Schon unter den eigenen kaiserlichen Truppen litt das Markgräfler Land, als diese 1676 am Oberrhein stationiert waren. Anfang 1678 rückte die französische Armee unter ihrem Marschall Crequi ins Wiesental vor und beschoss Burg Rötteln, ohne sie zu erobern. Jedoch wurden alle Dörfer der Umgebung niedergebrannt, auch das Dorf Rötteln fiel in Schutt und Asche. Mitte des gleichen Jahres kamen die französischen Truppen zurück, beschossen und belagerten die Burg. Nach drei Tagen musste sich die kaiserliche Burgbesatzung ergeben: Sie verließ die brennende Burg im Juni 1678. Die Verwaltungsstellen, die sich hier befunden hatten, wurden nunmehr nach Lörrach verlegt, das 1682 zur Stadt erhoben wurde.

Die letzte Etappe der Zerstörung erfolgte nur wenige Jahre später. Im Pfälzer Erbfolgekrieg (1688–1697), in dem Ludwig XIV. die Kurpfalz als Erbe seiner Schwägerin Elisabeth Charlotte beanspruchte, wurde Rötteln erneut besetzt. Die französischen Truppen ließen die Bastion am Kapf abtragen, die Steine wurden für den Straßenbau verwendet.

RUINENROMANTIK UND DENKMALPFLEGE

Am Ende des 17. Jahrhunderts war die Burg zerstört und verlassen. Die Bewohner der umliegenden Dörfer

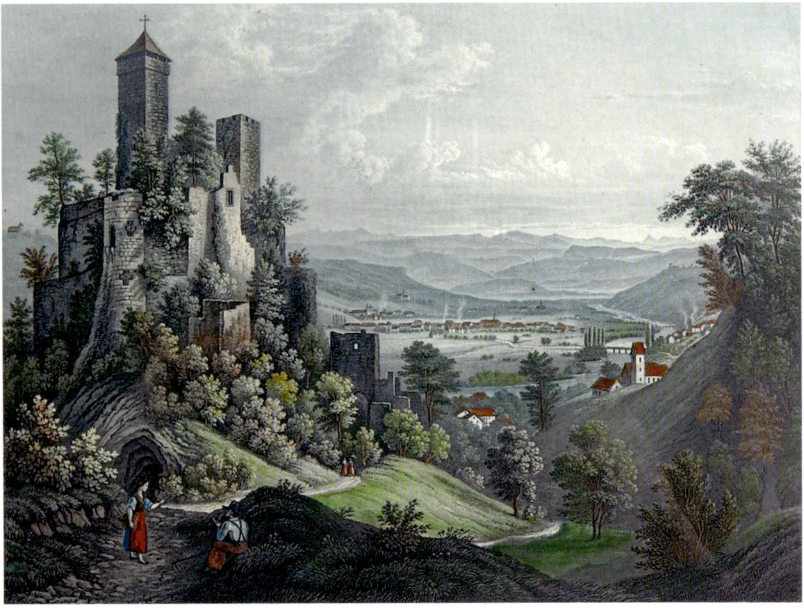

Anton Winterlin: Ansicht von Rötteln, Lithographie, um 1830

benutzten sie in den folgenden Jahrzehnten als beliebten Steinbruch, waren doch die Steinquader schon zugehauen und leicht transportierbar.

Über einhundert Jahre währte dieser Zustand, und es bedurfte neuer Kräfte, um dem Verfall Einhalt zu gebieten und die Burg langsam wieder zu sichern. Zu Beginn des 19. Jahrhunderts, im Zeitalter der Romantik, wurden die Werte mittelalterlicher Kultur wieder entdeckt. Dies geschah hauptsächlich durch Schriftsteller, Maler und Dichter, wie beispielsweise Johann Peter Hebel (1760–1826). In Basel geboren zog es ihn immer wieder in seine Heimat zurück, wo er als Lehrer in Lörrach wirkte. Seinen Ruhm erwarb er als Erzähler und Lyriker. Auch durch seine Sammlung alemannischer Gedichte trug er viel zur Wiederentdeckung des Oberlandes bei.

In den 1820er-Jahren besuchten die ersten Maler und Zeichner die verfallene Ruine. Ihre Bilder erzeugten das Gefühl der Einheit von Natur und Kultur, zeigten die innere Größe des historischen Monuments auch im Zustand als Ruine und weckten die Sehnsucht nach einer als ideal angesehenen deutschen Vergangen heit. Bald darauf, noch in der ersten Hälfte des

19. Jahrhunderts, wurden erste Sicherungsarbeiten durchgeführt, dann wieder in den Jahren 1885/88, als der Schwarzwaldverein tätig wurde. Hierbei wurden mehr touristische Ziele verfolgt als Denkmalpflege betrieben: Mit einem Fußweg wurde die Ruine zugänglich gemacht, Bänke wurden aufgestellt. Schon vor dem Ersten Weltkrieg dachte man an eine künstliche Beleuchtung, die jedoch wegen der hohen Kosten nicht genehmigt wurde.

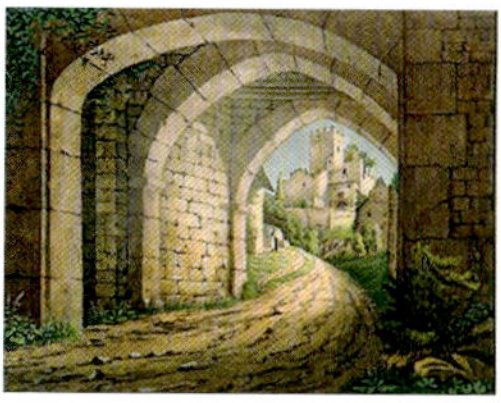

Lithographie mit einer Ansicht von Rötteln nach I. Breck, 1828

Das Land Baden stellte erstmals nach 1920 Mittel zur Sanierung bereit, denn inzwischen war die Sicherheit der Besucher nicht mehr gewährleistet. In diese Zeit fiel auch die Gründung des Röttelnbundes (25. Januar 1926), der sich zum Ziel gesetzt hatte, die Burgruine vor dem Verfall zu bewahren, ihre Geschichte zu erforschen und allgemein das Interesse an der Kultur der markgräflichen Vergangenheit zu wecken. Seitdem führt der Verein einen nicht enden wollenden Kampf um die Ruine: Immer wieder brechen Mauerteile aus, ständig müssen neue Maßnahmen gegen Steinverfall und übermächtigen Pflanzenbewuchs unternommen werden. Doch wurden auch immer wieder neue Ziele erreicht: Bereits 1932 konnte die Burgschenke eröffnet werden, ein zweiter Verein betreibt seit 1968 Burgfestspiele. Das letzte große Etappenziel war der Ausbau der ehemaligen Landschreiberei, wo mit einem Archiv und einem Museumsraum die Arbeit des Röttelnbundes unterstützt wird und Gäste interessante Einblicke in die Geschichte der Burg erhalten.

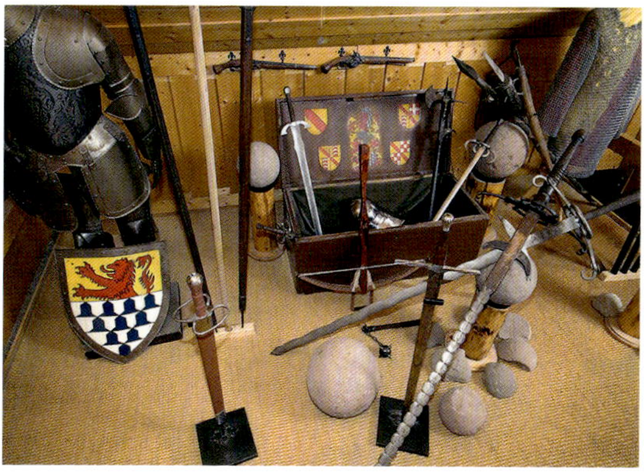

Ausstellungsstücke im Museum: Steinkugeln und nachgebaute Waffen

RUNDGANG

In einem großen Rundgang können zunächst die Außenwerke und die Vorburg selbstständig besichtigt werden. Man betritt die Burg durch das Südtor. Hier ist der alte Wirtschaftshof der Vorburg mit der Burgschenke und dem Areal der Burgfestspiele frei zugänglich.

Ein steiler Weg führt zur Oberburg, vorbei an der alten Landschreiberei, wo das Museum untergebracht ist. Für das Museum und die Oberburg wird Eintritt erhoben; Führungen finden nach Anmeldung statt.

DIE AUSSENWERKE

Im Westen und Süden wurde die Burg im Spätmittelalter durch weitere Außenwerke gesichert, wodurch sie ihre große Nord-Süd-Ausdehnung von knapp 300 Metern erhalten hat: Über dem Wiesental wurde der *Kapf*, die ursprüngliche Richtstätte, als sternförmige *Schanze* ausgebaut (**1**), die nach ihrer Abtragung durch die französische Armee Ende des 17. Jahrhunderts noch als großes Plateau gut zu erkennen ist. Daran schließt sich zu dem sanft ansteigenden westlichen Vorgelände der Burg die *äußere Burgmauer* mit weiteren *Bastionen* an (**2**).

DIE VOR- ODER UNTERBURG

Die Vorburg hat am meisten von ihrer historischen Bausubstanz eingebüßt. Lediglich die als Ringmauern

Die Außenwerke der Burg im Südwesten

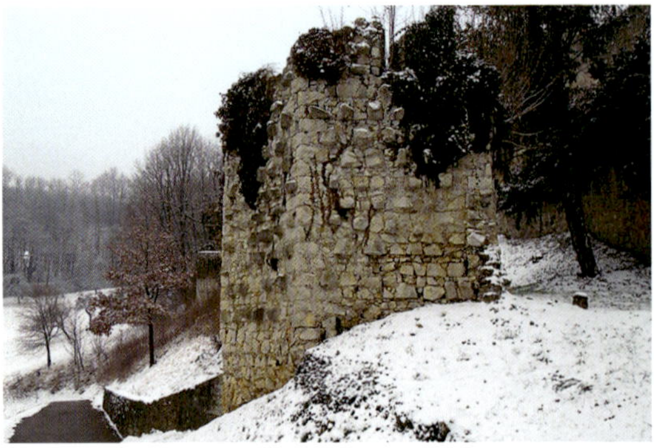

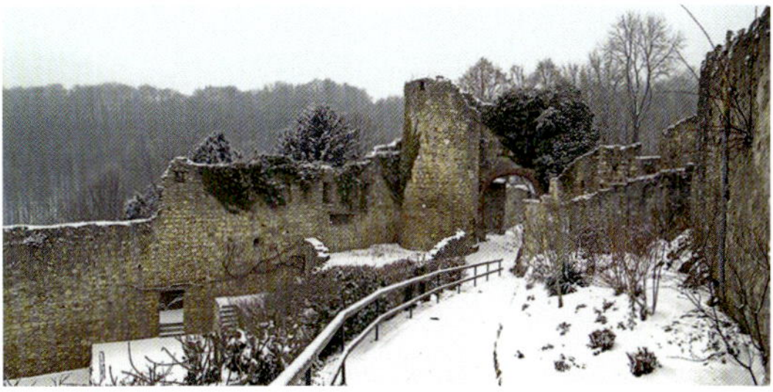

Die Bühne für die Burgfestspiele

geführten ***Außenmauern*** (**3**) sind leidlich gut erhalten. Diese sind an der West- und Südseite besonders wehrhaft ausgebildet, besitzen mehrere ***Schalentürme*** (**4**) und vor einem schmalen ***Zwinger*** (**5**) eine zweite Mauer.

Zwei Tore führen in das Burgareal: Das ***Südtor*** (**6**) wurde in seiner heutigen Form 1468 eingefügt und war dreifach verschließbar. Am Torturm befinden sich Schießscharten für Armbrüste und frühe Feuerwaffen. Im Nordwesten liegt das eigentliche ***Haupttor zur Vorburg*** (**7**). Dieses konnte durch einen mächtigen ***Rundturm*** (**8**), die »Landschaft«, gesichert werden, der in die Ringmauer integriert war.

Die Vorburg wurde vor allem im 14. und 15. Jahrhundert ausgebaut, jedoch wird sich hier auch schon früher der Wirtschaftshof der romanischen Burg befunden haben. Sie war einst durch eine breite Gasse mit ***Wirtschaftsgebäuden*** (**9**) zu beiden Seiten erschlossen, wie es der Merian-Stich zeigt. Im Bereich der Vorburg und an den Hängen davor wurden zahlreiche Funde gemacht, die heute im ***Burgmuseum*** (**12**) ausgestellt werden.

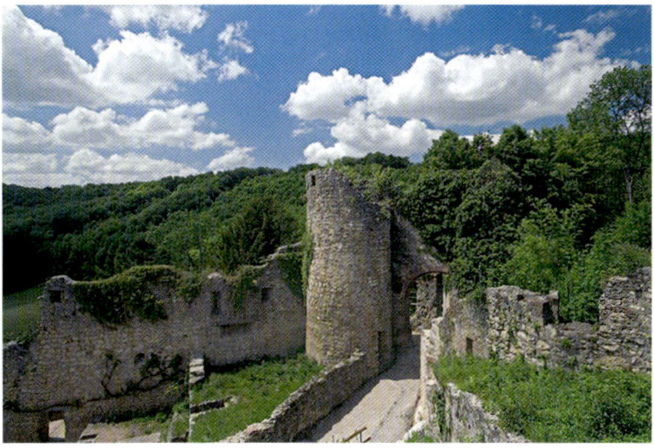

Das alte Haupttor mit dem Rundturm »Landschaft«

Die meisten Gebäude der Vorburg sind nicht mit Sicherheit zu identifizieren. Eine Zisterne, die 1420 beschrieben wurde, wurde noch nicht gefunden. Die alte *Burgschenke* ist ebenfalls nicht erhalten, die heutige (**10**) hat keine historische Bausubstanz. An einem weiteren freien Platz der westlichen Ringmauer wurde 1968 geschickt eine kleine Bühne für die neu kreierten *Burgfestspiele* in die alte Bausubstanz eingefügt (**11**).

An dieser Stelle steigt das Gelände der Vorburg steil an. Der Weg vom Haupttor gabelt sich und führt hinauf zur Oberburg, vorbei an der alten *Landschreiberei* (**12**). Das Gebäude aus dem Spätmittelalter stellte mit ziemlicher Sicherheit das Hauptverwaltungsgebäude dieser Zeit dar. Sein Mauerwerk war in voller Höhe über vier Stockwerke erhalten geblieben. Es wurde vom Röttelnbund wieder instand gesetzt und enthält außer dem Archiv und dem kleinen Museum noch Veranstaltungsräume.

DIE OBERBURG

Eine *Zugbrücke* führte einst über den tiefen *Halsgraben* (**13**) zur Oberburg. Die Brücke ist als einfache Holzbrücke wiederhergestellt, der steinerne Brückenpfeiler in seinen unteren Steinschichten ist noch original. Der *Torbau* (**14**) aus verschiedenen Bauzeiten besitzt eine schön gestaltete Front zur Brücke mit dem Wappenstein der Markgrafen von Hachberg-Sausenberg (Original im Museum).

Blick auf die Vorburg

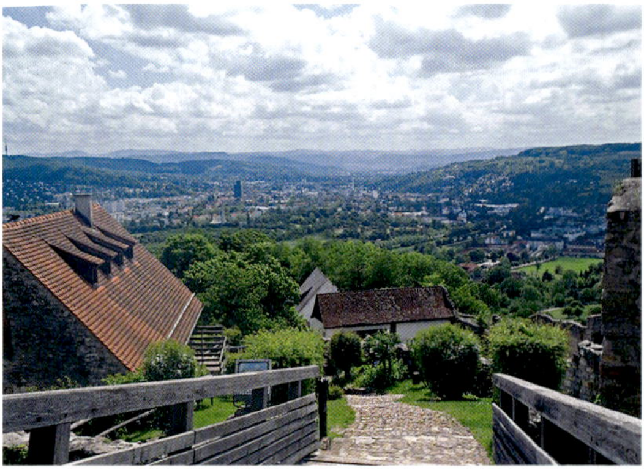

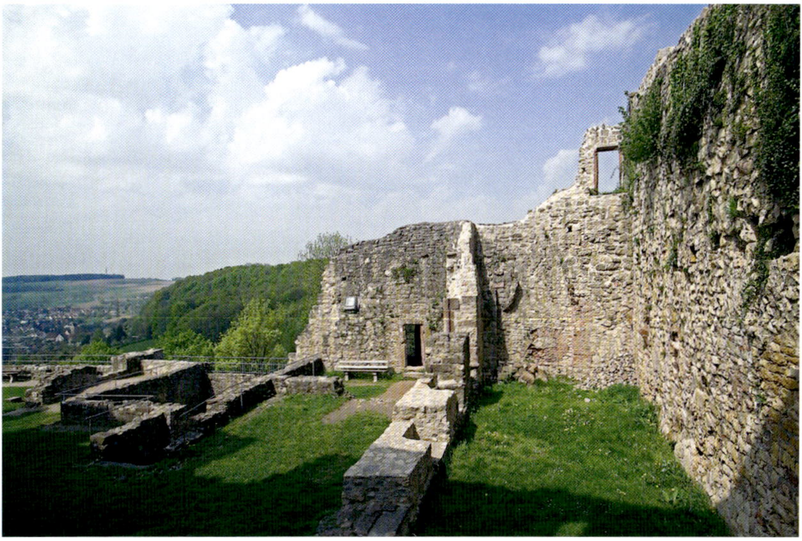

Die Burgkappelle mit Spuren des Einbaus eines Kamins an der Westwand

Ein gewinkelter Weg mit schönem, großenteils originalem Kopfsteinpflaster führt hinauf in den Burghof. Von hier kann man in den erhaltenen Keller des *»Alten Baus«* blicken (**15**). Wenn auch das Gewölbe nicht zum ersten Bau gehört, sondern eher zu einer späteren Wiederherstellung, so vermittelt der Raum doch einen guten Eindruck von der Mächtigkeit der einstigen Anlage. Sicher ist, dass dieser Keller lange als Weinkeller diente.

DER BURGHOF

Der *Burghof* (**17**) wirkt heute größer, weil die umgebenden Gebäude nur zum Teil erhalten sind. Gleich im südlichen Teil befindet sich das Mundloch einer großen *Filterzisterne* (**16**), mit der die Bewohner der Oberburg auch im Belagerungsfall autark sein konnten. Der Turm, um den der Weg herumführt, wurde *Giller* genannt (**18**). Er stammt von seiner großen Form her wohl aus dem 14. Jahrhundert, besitzt im Einzelnen jedoch noch ältere Bausubstanz. Ansonsten sind an ihm aber besonders viele Spuren von Wiederherstellungen des 20. Jahrhunderts zu sehen.

Da an der westlichen Burgmauer die Gebäude nicht erhalten sind, ist ein Blick in den Zwinger möglich.

Innenwände und Reste eines Kamins im Neuen Bau

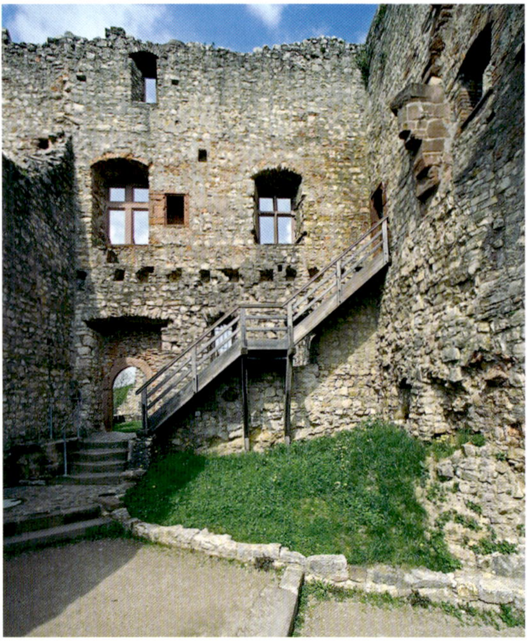

Dass hier noch interessante Befunde verborgen sein können, zeigt der ausgegrabene *Kellerraum* (**19**). Nach den erhaltenen Formen (Schütten im Gewölbe, Loch in der Mitte) muss sich hier eine Mühle befunden haben. Die um 1500 gebaute angrenzende *Burgkapelle St. Marien* (**20**) war offenbar ein sehr lang gestreckter Raum und besaß ein spätgotisches Kreuzrippengewölbe, von dem die Konsolsteine noch vorhanden sind.

Der wichtigste Bau im Burghof war der Palas, der in mehreren Phasen errichtet wurde. Im Süden steht der *Alte Bau* (**15**), nach Norden anschließend ein *Zwischenbau* (**21**) und *weitere Anbauten* des 15. Jahrhunderts (**22**). Der Alte Bau besitzt sehr mächtige Mauern, die ähnlich ausgebildet sind wie die äußeren Mauern an der *Mühle* (**19**) und *Kapelle* (**20**) gegenüber. Möglicherweise wurden diese Mauern unter dem Eindruck des Erdbebens von 1356 verstärkt. Der Neue Bau besaß eine kleinteilige, komplizierte Raumstruktur, die bislang nicht völlig gedeutet werden konnte, vor allem, weil die Originalzustände nach den Restaurierungen des 19. und 20. Jahrhunderts nicht mehr nachvollziehbar sind. Im Neuen Bau sind neben den schön

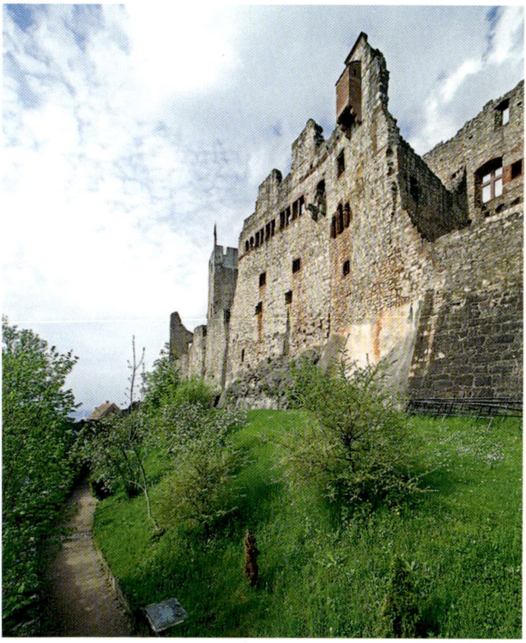

Die Außenseite des Palas, von Osten her gesehen

gestalteten Fenstern und dem Portal noch Gewölbeansätze und Kaminwangen vorhanden, die zeigen, dass der ganze Bau Räume mit Rippengewölben hatte, die mit Heizanlagen versehen waren.

Vom Palas führt der kieselgepflasterte Weg weiter bergan auf die kleine Bergkuppe. Hier, an der höchsten Stelle, erhebt sich über einem engen Platau der *Bergfried* (**23**). Er diente als Gefängnis und hatte vier Böden. Der ursprüngliche Einlass zum Turm befand sich auf der östlichen Seite in Höhe des ersten Obergeschosses, wo eine hölzerne Brücke zu ihm führte. Hier, hinter der Schildmauer, waren auch noch weitere Bauten an die Mauer angelehnt, wovon nur wenige Spuren erhalten geblieben sind. Der Bergfried und die umgebende Schildmauer bildeten die beiden wichtigsten Wehrelemente der ersten Burg.

Die Steinquader des Turms zeigen deutlich die ganz unterschiedlichen Arten der Steinbearbeitung, wodurch auf eine längere Bauzeit geschlossen werden kann. Auf halber Höhe bilden die Quader eine schräge Kante, was dem Bergfried den Anschein einer stockwerkartigen Gliederung gibt.

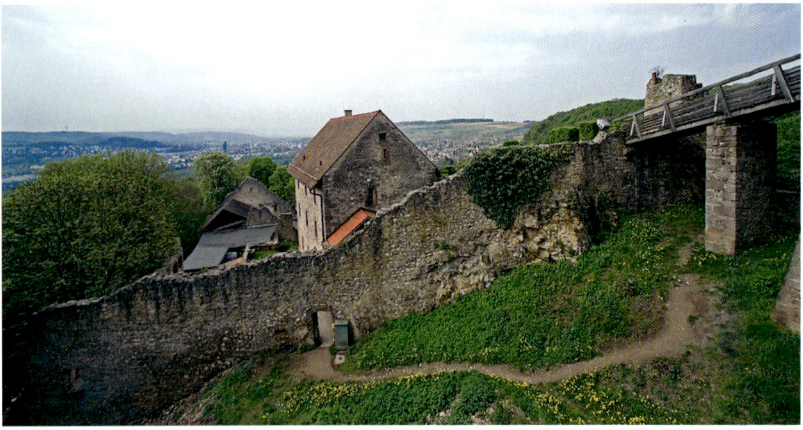

Halsgraben mit neuer Brücke, von der Oberburg aus gesehen

Heute kann man an der Westseite an einem teilweise rekonstruierten Fenster des 15. Jahrhunderts vorbei in den Bergfried eintreten. Es führt eine moderne Treppe auf die Plattform, die einen großartigen Rundblick bietet: Im Osten zieht das Wiesental den Blick zu den Ausläufern des Schwarzwaldes, im Südwesten liegen das nahe Dorf Rötteln und die Stadt Lörrach. Dahinter befinden sich bereits die rechtsrheinischen Vororte von Basel, das selbst nicht sichtbar ist. Bei klarem Wetter sieht man über den Wipfeln des Schweizer Jura die Gipfelkette der Alpen.

Nördlich der Schildmauer ist der felsige Bergrücken einst abgegraben worden, um mit dem *Halsgraben* (**25**) der Burg eine rundum isolierte Lage zu geben. Die gewonnenen Steine wurden beim Burgenbau verwendet, weitere Steinbrüche lagen nur wenig außerhalb in den Hängen des Bergrückens.

MUSEUM

Das kleine Museum in der *Landschreiberei* (**12**) wurde vom Röttelnbund eingerichtet. Hier werden die wichtigsten Funde zugänglich gemacht, die bei den regelmäßigen Pflege- und Restaurierungsarbeiten zum Vorschein kommen. Sie ergänzen das Bild in vielfältiger Weise, vor allem zeigen sie, dass das Leben auf einer Burg keineswegs nur auf Militärisches ausgerichtet war. Neben den Kanonenkugeln und Pfeilspitzen gehören

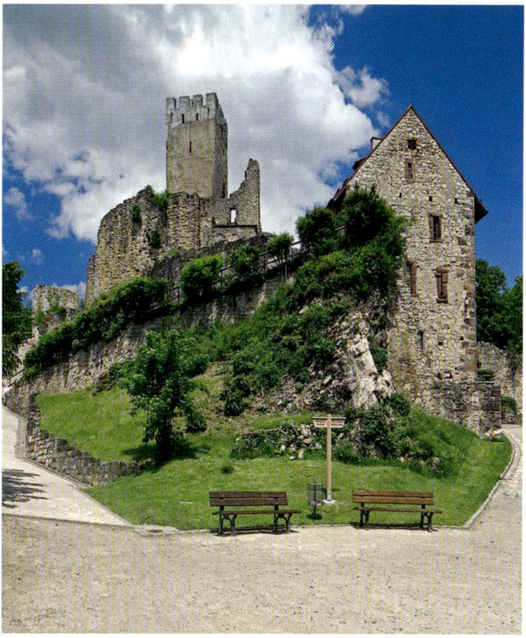

Die alte Landschreiberei, heute Museum

die Dinge des täglichen Lebens zu den überaus wichtigen Fundstücken, zum Beispiel Teile von Pferdegeschirr (Trensen, Steigbügel, Sporen), Schüsseln, Knöpfe, Zangen und Scheren. Türschlösser und Ofenkacheln bildeten einen wichtigen Teil der Bauausstattung. Besonders zahlreich und interessant sind die

Erdgeschossraum des Museums mit dem großen Burgmodell

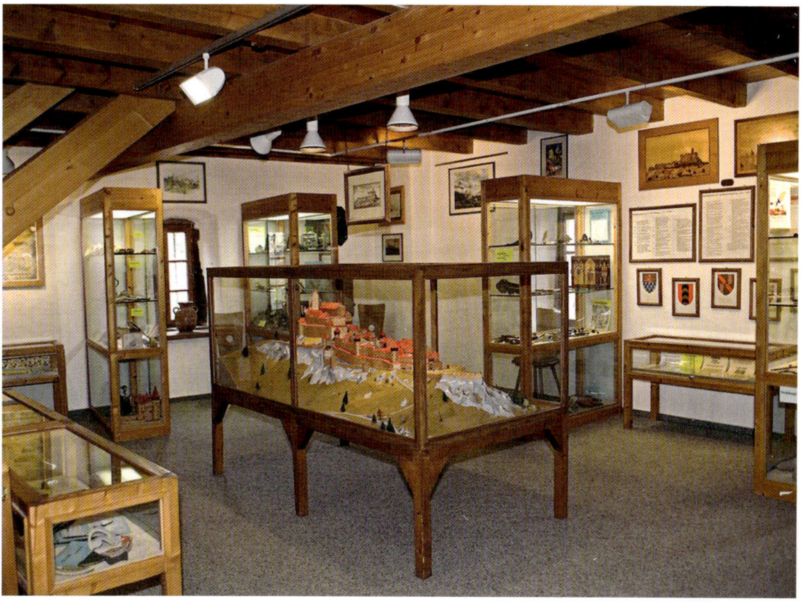

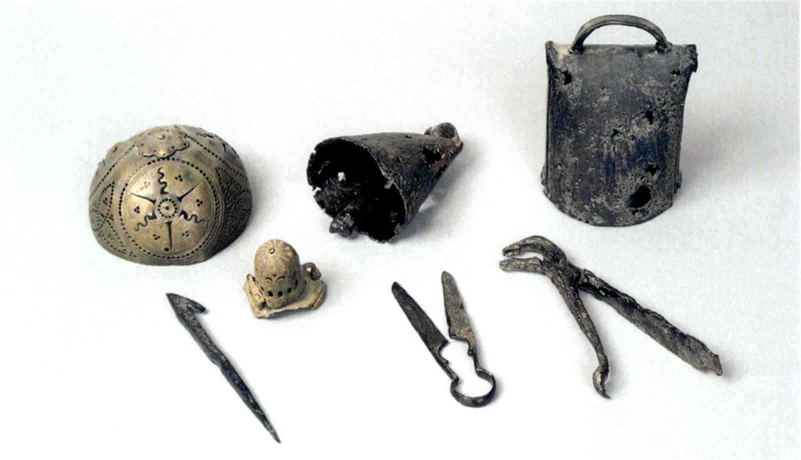

Funde im Burgbereich: Fingerhut, Schere, Zange, Tischglocken

anderen Gegenstände des Alltagslebens: Tischglocken, mit denen zum Essen geläutet wurde, Fingerhüte, Münzen, Sensen und anderes landwirtschaftliches Gerät.

Das Museum bietet einen anschaulichen und lebendigen Einblick in die Geschichte der Burg. An einem großen Modell kann die Anlage in ihrem letzten intakten Zustand in der Mitte des 17. Jahrhunderts bewundert werden. Stiche und Graphiken zeigen weitere Einzelheiten der Burg. In einigen Vitrinen werden auch die Sagen, die sich um die Ruine ranken, »illustriert«.

Für Zehntausende von Besuchern jährlich ist die Burg über dem Wiesental heute ein beliebtes Ausflugsziel. Mit ihren zwei zu besteigenden Türmen und der erhaltenen Befestigung bildet Rötteln ein eindrucksvolles Beispiel des mittelalterlichen Burgenbaus.

Landwirtschaftliche Geräte: Sichel, Rechen, Baumrindenschälmesser

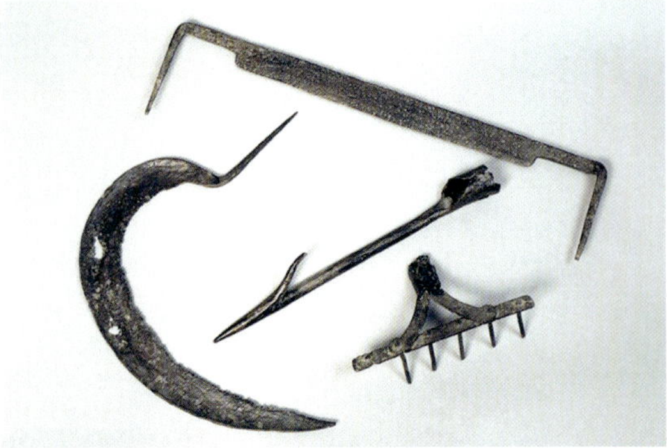

STAMMTAFEL

Herren von Rötteln

Dietrich I.
erwähnt 1103–1123
Bischöflicher Basler Vogt

Dietrich II.
erwähnt 1135–1147

Dietrich III.
erwähnt 1175–1187

Konrad I. erwähnt 1229–1259/61 *1258 Ritter*	Walter I. ca.1180–ca.1232 *1216 Domherr* *v. Konstanz*	Liutold I. † 1249 *1238–1248* *Bischof v. Basel*	Dietrich IV. † 1248 erwähnt 1236

Kinder von Konrad I.:

Liutold II. 1227–1316 *Mitherr v. Rötteln* *Domherr v. Basel*	Otto *ca.1237 *1259 Ritter* *Mitherr v. Rötteln*	Walter II. *1245 *Mitherr v. Rötteln*

Kinder von Otto:

Walter III. 1276–1310 *Ritter, Herr v. Rötteln*	Agnes ⚭ Rudolf I. von Hachberg-Sausenberg

Markgrafen von Hachberg-Sausenberg

Rudolf I.
† 1313
1311 Mitherr v. Rötteln

Heinrich † 1318/22	Rudolf II. 1301–1353	Otto I. † 1384 (Grab in Sitzenkirch)

Rudolf III.
1343–1428
⚭ 2. Anna v. Freiburg
(Gräber in Rötteln)

Otto † 1451 *Bischof v. Konstanz*	Rudolf † 1419	Wilhelm 1406–1482 (Grab in Neuchâtel)	Hugo

Rudolf IV.
1426/27–1487
Graf v. Neuenburg
⚭ Margareta v. Vienne
(Grab in Neuchâtel)

Philipp
1454–1503
Graf v. Neuenburg
⚭ 1477 Maria v. Savoyen
(Grab in Neuchâtel)

Markgrafen von Baden(-Durlach)

Christoph, † 1527

Philipp	Ernst, † 1553	Bernhard

Karl II., † 1577

Ernst Friedrich, † 1604	Jakob, † 1590	Georg Friedrich, † 1638

Friedrich V., † 1659

Friedrich VI., † 1677

Friedrich VII. Magnus, † 1709

Karl Wilhelm, † 1738

ZEITTAFEL

751	Erste Nennung der Kirche von Rötteln in einer Urkunde des Klosters St. Gallen
1103	Dietrich von Rötteln erhält die Vogtei über die Güter des Klosters St. Alban in Basel
1147	Rötteler Edelherren werden als Kreuzzugsteilnehmer genannt
1259	Erste urkundliche Erwähnung der Burg
1316	Nach dem Tod Luitholds von Rötteln erben die Herren von Hachberg-Sausenberg die Herrschaft über die Burg
1356	Schweres Erdbeben in Süddeutschland mit Epizentrum in Basel beschädigt Burg und Kirche
1353–1428	Unter Markgraf Rudolf III. Ausbau der Burg
1490	»Rötteler Gemächte« – Vertrag zwischen Markgraf Philipp von Hachberg-Sausenberg und Markgraf Christoph von Baden: Das Markgräfler Land fällt an die badische Hauptlinie zurück
1499	Die Eidgenossen trennen sich vom Reich
1525	Bauernkrieg: Die Burg wird von Aufständischen eingenommen, aber nicht beschädigt
1535	Teilung der badischen Markgrafschaft, Rötteln fällt an Baden-Durlach
1556	Einführung der Reformation in Baden-Durlach
1561	Basel tritt der Eidgenossenschaft bei
1618–1648	Schwere Beschädigungen der Burg im Dreißigjährigen Krieg
1678	Holländischer Erbfolgekrieg: Zerstörung der Burg durch französische Truppen unter Marschall Crequi
1689	Pfälzer Erbfolgekrieg: Abtragung der Bastion am Kapf durch französische Truppen
1806	Baden wird Großherzogtum
1820–1830	Wiederentdeckung der Burg im Zeitalter der Romantik
1885–1888	Sicherungsmaßnahmen durch den Schwarzwaldverein
1926	Gründung des Röttelnbundes e.V.
1968	Gründung der Burgfestspiele e.V.

AUSGEWÄHLTE LITERATUR

Fingerlin, Ilse: Kirche und Grabdenkmäler von Rötteln, in: Lörrach und das rechtsrheinische Vorland von Basel. Mainz 1981, S. 224–237.

Heimgartner, Heinz: Die Burg Rötteln. Ein Führer durch Geschichte und Kunst in Wort und Bild. Haagen 1964.

Heimgartner, Heinz: Burgruine Rötteln. Ein Burgführer durch die Geschichte der Burg Rötteln mit Lageplan der Burganlage. Haagen, 4. Aufl. 1986.

Himmelein, Volker: Burgen und Schlösser im Schwarzwald. Stuttgart 1985, S. 83–88.

Holdermann, Friedrich: Aus der Geschichte von Roetteln. Zur Erinnerung an die Jubelfeier des fünfhundertjährigen Bestehens und der Neuherstellung der Kirche. Lörrach 1903.

Der Landkreis Lörrach; hrsg. von der Landesarchivdirektion Baden-Württemberg. Sigmaringen 1993, S. 134–141.

Meyer, Werner: Burgen von A bis Z. Burgenlexikon der Regio. Basel 1981, S. 25–29.

Moehring, Gerhard (Bearb.): »Den Blick zum Belchen gewendet«. Johann Peter Hebel im Markgräflerland. Marbach 1982.

Roller, Otto: Die Geschichte der Edelherren von Rötteln. Schopfheim 1927.

Schubring, Klaus: Rötteler Chronik: 1376–1432. Rudolf III. Markgraf von Rötteln und andere. Lörrach 1995.

Schubring, Klaus: Leben in Ruinen. Burg Rötteln im 18. Jahrhundert, in: Das Markgräflerland 1989, Heft 2, S. 152–157.

Schülin, Fritz: Rötteln-Haagen. Beiträge zur Orts-, Landschafts- und Siedlungsgeschichte. Haagen 1965.

Schwarzmaier, Hansmartin: Baden. Dynastie – Land – Staat. Stuttgart 2005, S. 111–116.

Stelzle-Hüglin, Sophie: Wohnkultur auf Burg Rötteln. Ofenkeramik aus Gotik und Renaissance, in: Badische Heimat 82, 2002, S. 637–647.

Wagner, Heiko: Burgenführer Oberrhein. 66 Burgen von Basel bis Karlsruhe. Stuttgart 2003, S. 114–117.

Wagner, Rolf: Geschichtliche Bedeutung Röttelns und die Betreuung der Burgruine, in: Badische Heimat 82, 2002, S. 632–636.

Wagner, Rolf: Rötteln. Geschichte, Baugeschichte, Menschen. Lörrach 2004.

Werminghoff, Albert: Das oberbadische Land im Pilgerbuch des Hans von Waltheim aus den Jahren 1474/75, in: Zeitschrift für die Geschichte des Oberrheins 37, 1922, S. 71–83.

Zeune, Joachim: Burgen – Symbole der Macht. Ein neues Bild der mittelalterlichen Burg; 2. Aufl. Regensburg 1997.

LEGENDE FÜR DEN LAGEPLAN

Bastion/Außenwerke

1 *Schanze mit dem Kapf*

2 *Äußere Burgmauer mit Bastionen*

Vorburg/Unterburg

3 *Ringmauer*

4 *Schalentürme*

5 *Zwinger*

6 *Südtor von 1468*

7 *Altes Haupttor zur Vorburg*

8 *Rundturm (»Landschaft«)*

9 *Wirtschaftsbauten*

10 *Burgschenke*

11 *Plattform für die Burgfestspiele*

12 *Landschreiberei (Museum)*

Oberburg

13 *Halsgraben mit ehemaliger Zugbrücke*

14 *Torbau zur Oberburg*

15 *Alter Bau mit Keller*

16 *Zisterne*

17 *Burghof*

18 *Torturm (»Giller«)*

19 *Keller, als Mühle eingerichtet*

20 *Burgkapelle St. Marien*

21 *Zwischenbau*

22 *Neuer Bau, Palaserweiterung*

23 *Bergfried*

24 *Schildmauer*

25 *Halsgraben*

26 *Flankierungsturm von 1471*